Die Elbe
Ein literarischer Reiseführer

Die Elbe

Ein literarischer Reiseführer

Herausgegeben
von Ansgar Bach

2. Auflage

Einbandgestaltung: Neil McBeath, Stuttgart
Einbandabbildung: Blick auf die Albrechtsburg an der Elbe in Meißen.
© picture-alliance / Bildagentur Huber.

Die Deutsche Nationalbibliothek verzeichnet diese Publikation
in der Deutschen Nationalbibliografie;
detaillierte bibliografische Daten sind im Internet über
http://dnb.d-nb.de abrufbar.

Der Lambert Schneider Verlag ist ein Imprint der WBG
(Wissenschaftliche Buchgesellschaft), Darmstadt.
2., unveränderte Auflage 2012

Die Herausgabe des Werkes wurde durch die Vereinsmitglieder
der WBG ermöglicht.
Satz und Prepress: schreiberVIS, Seeheim
Printed in Germany

Besuchen Sie uns im Internet: www.lambertschneider.de

ISBN 978-3-650-24869-5

INHALT

VORWORT

„Es war ein verführendes Wasser, das meinen Sinn in seine krausen Strudel zog." Diese Gedichtzeilen von Paul Klee könnten als Motto über der vorliegenden Anthologie stehen. Die böhmischen und sächsischen Gebirge, die märchenhaften Elbtäler, die stillen Auenlandschaften, die Häfen und die Gezeiten von Unter- und Außenelbe inspirierten Künstler und Schriftsteller von jeher.

Schon die Dichter der Romantik priesen die Idylle der Elblandschaften, allen voran Theodor Körner: „Sei freundlich mir gegrüßt, du stille Quelle, / Aus tiefer Felskluft so klar entsprungen; / Der Liebe süßes Lied sei dir gesungen, / Begeistert tön' es an der heil'gen Stelle." Bei Heine klingt es da schon anders: „Himmel grau und wochentäglich! / Auch die Stadt ist noch dieselbe! / Und noch immer blöd und kläglich / Spiegelt sie sich in der Elbe." Die Erfahrungen sind vielfältig, zeittypisch, gar widersprüchlich.

Dieser literarische Reiseführer begleitet die Elbe auf ihrem fast 1100 Kilometer langen Weg vom Riesengebirge bis zur Nordsee. Prosa, Gedichte, Briefe, Sagen und Sachtexte entwerfen ein lebendiges Porträt des großen Stroms, seiner Städte und Anwohner. Der Leser kann den Fluss beinahe mit den Sinnen spüren, wenn Edgar Hahnwald schreibt: „dann wirft man sich hinein, wühlt sich ins Wasser, läßt es über sich zusammenstrudeln. Für Augenblicke ist die Haut erstes, einziges, absolutes Sinnesorgan. Sie, die Haut, fühlt, schmeckt, riecht das Elbwasser [...]".

Die Menschen leben am Fluss und sie leben vom Fluss. Mehr noch: Sie werden eins mit ihm in einer beispiellosen Symbiose: „Denn der Wellengang der Elbe, der Stromatem, ist nun ihr Rhythmus – das Wasser der Elbe ist nun ihr Blut [...]. Und wenn wir abends auf den wiegenden Pontons stehen – in den grauen Tagen – dann sagen wir: Elbe! Und wir meinen: Leben! Wir meinen: ich und du. Wir sagen, brüllen, seufzen: Elbe – und meinen: Welt! Elbe, sagen wir, wir Hoffenden, Hungernden. [...] Elbe, stadtstinkende, kaiklatschende schilfschaukelnde sandsabbelnde möwenmützige graugrüne große gute Elbe!" Es ist ein geradezu existenzieller Sog, den diese Worte des unvergessenen Wolfgang Borchert entwickeln.

Wer die Elbe bereist, befindet sich auf geschichtsträchtigem Boden. So erinnern die Texte dieser Auswahl vielfach an bedeutende historische Begebenheiten. Bereits in der Antike hat es wahrscheinlich einzelne römische Vorstöße bis zur Elbe gegeben. Cassius Dio, der griechische Historiker, berichtet, der Feldherr Drusus sei am westlichen Elbufer von einem „Weib von übermenschlicher Größe" mit den drohenden Worten „Wohin willst du denn, unersättlicher Drusus? Dir ist es nicht vergönnt, alle diese Lande zu schauen. Zieh also ab; denn schon ist das Ende deiner Taten und deines Lebens da!" zum Rückzug veranlasst worden.

Sehr viel später, rund 100 Jahre nachdem Luther seine Thesen an die Schlosskirche in Wittenberg geschlagen hatte, verwüstete der Dreißigjährige Krieg das Land. „Fürchterlich war das Gedränge durch Qualm und Leichen, durch gezückte Schwerter, durch stürzende Trümmer, durch das strömende Blut", berichtet uns Schiller von der Eroberung Magdeburgs.

Auch die beiden größten Elbmetropolen, Dresden und Hamburg, sind ohne Frage zugleich historische und literarische Zentren, denen jeweils ein eigenes Kapitel gewidmet ist. Schließlich erinnert uns Reinhard Höhne daran, dass die Elbe vier Jahrzehnte lang innerdeutscher Grenzfluss war: Bei einer Paddelfahrt wird er in Wittenberge von einem Volkspolizisten mit den Worten „Bis hierher und nicht weiter!"zurückgeschickt.

Zuletzt machte die Elbe im Jahr 2002 Schlagzeilen: Eine Jahrhundertflut überspülte das Land, Volker Braun erinnert daran: „Regengüsse, Schlamm in den Häusern / Ein dunkler August / Der Sturz aus allen Kalendern". Unbedingt sollte der literarisch interessierte Reisende die Bücher von Wolf Biermann, Thomas Rosenlöcher und Durs Grünbein mit im Gepäck haben. Auch die Literatur der Gegenwart wird von der Elbe nicht in Ruhe gelassen – oder ist es eher umgekehrt?

Für Anregungen bedankt sich der Herausgeber bei Alexandra Bonin, Gregor Bach, Ute Fritsch, Judith Blumenstein, Matthias Stresow, Barbara Kerschkowsky, Doris Illian, bei den freundlichen Mitarbeitern der Bibliotheken in Berlin und Leipzig und nicht zuletzt bei den Kollegen von „Literarisch Reisen" (www.literarisch-reisen.de).

Berlin, Januar 2010 Ansgar Bach

DER BÖHMISCH-SÄCHSISCHE OBERLAUF: NICHT NUR ROMANTISCHE ANSICHTEN

Fürstin Elbe

Elbe / Fürstin unserer Fluesse /
mach' dich auff die feuchten Fueße /
eile / lauffe Nacht und Tag /
meld es mit beredten Wellen /
daß die Ufer wieder-schaellen /
wie der Feind fuer dir erschrak.

Paul Fleming (1609–1640)

Eine böhmische Flussgeographie

Unter dem Hauptkamme des Riesengebirges lagern die Wiesen, moorige Grasflächen, welche wie Schwämme die Feuchtigkeit der Atmosphäre aufsaugen. Aus solchen Wiesen kommen die beiden Quellbäche der Elbe. Südlich unter dem Großen Rade auf dem westlichen Kammflügel liegt die Elbwiese. Ein Brunnen, 4260' (1384 Met.) hoch über dem Meere, gilt offiziell als Elbquelle. Mit andern Quellen vereinigt läuft der Elbbach oder Elbseifen den abschüssigen Felsenrücken hinunter und bildet unzählige kleine Cascaden. Auf einmal öffnet sich der Elbgrund, ein tiefer Einschnitt des Gebirges, in den der neugebildete Fluß sich niederstürzt. Wohl 2 M. [Meilen] östlich von der Elbwiese, am Brunnberge, unweit der Schneekoppe, 4300' (1397 Met.) hoch, entsteht das Weißwasser. Doppelt so stark als der Elbseifen fließt es mit demselben unter der Granitmasse des Festungshübel zusammen, 2100' (682 Met.). Die Quellflüsse kamen von Westen und Osten, der gewordene Fluß wendet sich nach Süden und durchbricht den südlichen oder böhmischen Raum des Riesengebirges. Bei Hohenelbe, 1400' (454 Met.), tritt sie aus dem Gebirge. Die Elbe fließt von Hohenelbe 10 M. zuerst nach Südwesten, dann nach Süden, und empfängt auf dieser Strecke von links her zwei bedeutende Zuflüsse: die Aupe bei Jaromirz [Jaromirsch], und bei Königgrätz die Adler. Von Pardubitz bis Kolin ist die Richtung der Elbe westlich, dann tritt die nordwestliche Direction ein. 4 M. oberhalb der Moldaumündung zieht der Fluß rechts die Iser als Verstärkung an sich. [...]

6 M. unterhalb Prag mündet sie [die Moldau] nach einem Laufe von 57 M. bei Melnik, 426' (138 Met.), in die Elbe, die sie, bisher ein breiter und wasserreicher Strom, erst recht schiffbar macht.

Der vereinigte Strom krümmt sich nordwestlich der Vereinigung mit der Eger entgegen. [...] Nicht weit unterhalb der Egermündung, von Lowositz an, beginnt die Elbe sich zwischen dem Mittel- und Kegelgebirge durchzubrechen, und die romantische Thalsenke nimmt ihren Anfang, welche erst am Ausgange des sächsischen Berglandes, bei Meißen, völlig zu Ende ist. Ueber Aussig der Schreckenstein.

Hermann Adalbert Daniel (1812–1871)

Am Elbebrunnen

Sei freundlich mir gegrüßt, du stille Quelle,
Aus tiefer Felsenbrust so klar entsprungen!
Der Liebe süßes Lied sei dir gesungen,
Begeistert tön' es an der heil'gen Stelle!

Du bist so kühlend, bist so rein, so helle;
Noch ist dir nicht dein kühnster Sturz gelungen,
Doch hast du bald der Felsen Macht bezwungen;

Dann rauscht in breiten Strömen deine Welle.
Jetzt fülle hell mir die krystall'ne Schale:
In Träumen kommt die Knabenwelt gezogen,
Ihr bring' ich froh den ersten Labetrunk.

Denn ach, schon früh saß ich in deinem Thale
Und lauschte oft dem Murmeln deiner Wogen,
Und still ergreift mich jetzt Erinnerung.

Carl Theodor Körner (1791–1813)

Im Land der Hermunduren

Dieser Teil der Sueben nun erstreckt sich in das entlegenere Gebiet Germaniens hinein. Näher – um, wie kurz zuvor dem Rheine, so jetzt der Donau zu folgen – wohnt die Völkerschaft der Hermunduren, den Römern treu ergeben, weshalb sie auch die einzigen Germanen sind, die nicht nur am Ufer, sondern auch im Innern und selbst in der glänzendsten Koloniestadt der Provinz Rätien Handelsverkehr treiben. Überall und ohne Wächter kommen sie herüber, und während wir den übrigen Stämmen nur unsere Waffen und Lager zeigen, haben wir diesen, auch ohne ihr Verlangen, unsere Wohnungen und Landhäuser eröffnet. Im Lande der Hermunduren entspringt die Elbe, ein berühmter und einst bekannter Fluß, jetzt hört man nur von ihm.

Publius Cornelius Tacitus (ca. 55–120 n. Chr.)

Der Schreckenstein und der Elbstrom

Der Schreckenstein.
Was rauschest du ewig mit fröhlichem Mut,
Von blühenden Ufern umzogen?
Was leitest du fernhin die silberne Flut,
Getürmt in bläuliche Wogen?
Versiegt dir nimmer die wirkende Kraft,
Die erst das Leben zum Leben schafft?
Ist nie der Geist dir entflogen?

Elbstrom.
Wohl stürz' ich vom Felsen die Thäler entlang,
Genährt von unzähligen Quellen;
Wohl flüstern die Winde im Liebesgesang
Und küssen die tanzenden Wellen;
Doch endlich entflieht mir die wogende Macht,
begräbt sich tief in des Meeres Nacht,
wo die Fluten des Ozeans schwellen.

Schreckenstein.
Doch verjüngst du dich ewig mit neuer Gewalt;
Noch lispelt die Welle und flimmert,
Wie sie seit Äonen geschimmert;
Doch ich, gemordet vom Drange der Zeit,
Ich sinke zur ew'gen Vergessenheit,
Seit mich die Zwietracht zertrümmert.
[...]

Elbstrom.
Du Armer! Doch gleicht dem deinen mein Los,
Das du so herrlich gepriesen.
Wohl bad' ich der Erde fruchtbaren Schoß,
Es blitzen die Wellen und fließen
Und stürzen sich über den felsichen Grund
Bis zu des Meers unendlichem Schlund,
Um ferne Länder zu grüßen.

Doch Sinken und Sterben ist auch mein Geschick.
Zwar rausch' ich durch blühende Lande:
Noch kehrte mir keine der Wellen zurück,
Und einst verrinn' ich im Sande,
Wenn die Himmelsthräne nicht länger schwellt.
Das Gesetz, das ewige, wahre der Welt,
Es führt mich vom Strande zum Strande.
[...]

Carl Theodor Körner (1791–1813)

Wallensteins Epitaphium

Hie liegt und fault mit Haut und Bein
  Der Grosse KriegsFuerst Wallenstein.
Der groß Kriegsmacht zusamen bracht /
  Doch nie gelieffert recht ein Schlacht.
Groß Gut thet er gar vielen schenken /
  Dargeg'n auch viel unschuldig hencken.
Durch Sterngucken und lang tractiren /
  Thet er viel Land und Leuth verliehren.
Gar zahrt war ihm sein Boehmisch Hirn /
  Kont nicht leyden der Sporn Kirrn.
Han / Hennen / Hund / er bandisirt /
  Aller Orten wo er losirt.
Doch mußt er gehen deß Todtes Strassen /
  D'Han kraehn / und d'Hund bellen lassen.

Anonym

Von Peterswalde über Aussig nach Budin

Nun ging es in die Höhe; und so mild es unten am Flusse gewesen war, so rauh war es oben, und in einigen Stunden hatten wir schon Schnee. Dieser vermehrte sich bis einige Stunden hinter Peterswalde, nahm sodann allmählich wieder ab und hörte bei Aussig wieder ganz auf.

Man hatte mir gar sonderbare Begriffe von den auffallenden Erscheinungen Böhmischer Katholizität gemacht. Ich habe nichts bemerkt. Im Gegenteil muß ich sagen, es gefiehl mir alles außerordentlich wohl. Unser Wirtshaus in Peterswalde war so gut, als man mit gehöriger Genüglichkeit es sich nur immer wünschen kann. Der Zollbeamte, der den Paß bescheinigte, war freundlich. Die Mahlzeit war nicht übel und die Aufwärterin gar allerliebst niedlich und artig. Lache nur über diese Bemerkung von mir Griesgram. Man müßte eine sehr verstimmte unästhetische Seele haben, wenn man nicht lieber ein junges, hübsches, freundliches Gesicht sähe, als ein altes, häßliches, murrsinniges. Das Mädchen setzte in unserm

Zimmer ihr Silbermützchen vor einem Spiegel, der zwischen zwei Marienbildern hing, so reizend unbefangen in Ordnung, als ob sie sich in Ehren eine kleine Unordnung recht gern wollte vergeben lassen. Der Ketzer Schnorr sah dem rechtgläubigen Geschöpf so enthusiastisch in die Augen, als ob er sich eben zu ihr bekehren oder sie wenigstens zum Modell nehmen wollte. Überdies ist der böhmisch-deutsche Dialekt bei Lowositz ziemlich angenehm und gurgelt die Worte nicht halb so dick und widrig hervor, wie der gebirgische in Sachsen.

Der Weg von Peterswalde nach Aussig ist rauh, aber schön; von Aussig, wo man wieder an die Elbe kommt, romantisch wild, links und rechts an dem Flusse hohe Berge mit Schluchten, Felsenwänden und Spitzen. Hier tönte mir die Klage über die Undisziplin unserer sächsischen Landsleute ins Ohr, die in dem Bayrischen Erbfolgekriege zur Feuerung hier alle Weinpfähle verbrannten. Sie durften nur einige hundert Schritte höher steigen, so hatten sie ganze Wälder. Das schmerzt mich in die Seele anderer. Wenn die Östreicher es eben so schlimm machen, so werden wir dadurch nicht besser. Wann wird unsere Humanität wenigstens diese Schandflecken wegwischen? Bei Lowositz endigen allmählich die Berge, und von da bis Eger hinauf und Leutmeritz hinab ist schönes, herrliches, fruchtbares Land, das zwei Stunden hinter Budin nun ganz Ebene wird. In Budin, einem Orte wo allgemeine Verlassenheit zu sein scheint, traf ich bei dem Juden Lasar Tausig eine kleine Sammlung guter Bücher an, und ließ mir von ihm, da er Lessings Nathan einem Freunde geliehen hatte, auf den Abend Kants Beweisgrund zur einzig möglichen Demonstration über das Dasein Gottes geben.

Johann Gottfried Seume (1763–1810)

Ungemütliche Floßfahrt

Als um Viertel zwei Uhr nachts aufgestanden und die Weiterfahrt angetreten wird, gießt der Himmel noch immer Wassermassen auf das Floß, das oben ebenso naß ist wie unten. Die Balken sind glatt, bei jedem Schritt rutscht man aus und fällt in das tote Wasser zwischen den Balken. Finstere Berge liegen wenige Schritte vor uns und verstellen den ganzen Strom – Wolken sind es.

Weiter geht die Fahrt, ununterbrochen, ununterbrochen, aber da sich die Distanz zwischen uns und dem schwarzen Gebirge durch Stunden nicht verringert und im Nebel die Ufer nicht erkennbar sind, scheint es, als ob die Prahme, von einer unsichtbaren Schregge festgehalten, sich nicht von der Stelle rühre.

Uns knurrt der Magen. Im Jedibaber „Restaurant" hatten wir morgens weder Kaffee noch Brot bekommen, und an ein Feuermachen ist in dem Gußregen keineswegs zu denken. Proviant besitzen wir nicht, und kein schwimmender Marketenderwagen läßt sich blicken. Wenn ein Gasthaus von ferne auftaucht, brüllt der alte Flößer Kolenský mit heiserer Stimme, der die Verzweiflung furchtbare Kraft verleiht, sein „Pivo" (Bier) über Wasser und Land. Immer heiserer, immer verzweifelter tönt es; hinter der Sprachgrenze, von Liboch und von Wegstädtl an, ruft er „Bier", und es ist wie eines verwundeten Hirsches Todesschrei.

Leute an den Ufern hören ihn, mitleidsvoll eilen sie in das Gasthaus, der Wirt schenkt ein paar Gläser ein, steigt in den Kahn und rudert zu uns. Sosehr er sich aber auch beeilt – die Strömung ist schneller und unser Floß schon vorbei, ehe er herankommt. In der Mitte des Stromes wartet nun der Wirt, um seine Biere der Bemannung der nächsten Flöße – unseres schwimmt als erstes – anzubieten. Die Kollegen hinter uns können nicht in jedem Ort Bier trinken, und am Abend erzählen sie, wie die Wirte auf den Booten geflucht, als ihnen das mit soviel Eindringlichkeit bestellte und mühselig servierte Bier am Hals blieb.

Was aber bedeuten alle Flüche aller Wirte gegen jeden einzelnen Fluch, den der durstige Kolenský jedesmal ausstößt, da sein Bier den Nachfahrern angeboten wird!

Ein Anlegen des Floßes während der Fahrt – sei es wegen Sturmes, Regengusses oder Hagelschlages, sei es infolge des Hungers oder selbst Durstes – gibt es nicht. Nur wenn der Flößer Feierabend machen muß, weil es ihm die Vorschrift befiehlt und weil er die Ufer nicht mehr erkennt, hält er an. Er weiß, daß ihm die Reise als solche gut bezahlt wird (so bekommt zum Beispiel der Steuermann für zweieinhalb Tage währende Fahrt nach Mittelgrund neunundfünfzig Kronen), er weiß aber auch, daß er an den Tagen, an denen er sich nicht auf dem Holztransport befindet, daß er auch in den vier Wintermonaten von seinen Reisehonoraren zehren muß, die sich nun als elend genug erweisen. Also trachtet er, von seiner Fahrt so bald als möglich zurück zu sein – Akkordarbeit ist Mordarbeit –, um einen neuen Holztransport zu erhalten. Trotz verzweifelten Durstes fällt es dem alten Kolenský nicht ein, ein Anlegen des Floßes zu verlangen.

Erst um sieben Uhr abends nehmen wir, die wir um Viertel zwei Uhr nachts aufgebrochen waren, in Birnai, einem Dorf oberhalb Aussigs, unser Frühstück ein, einige Bierkäse.

Sechs Stunden später schwimmen wir wieder durch die Nacht. Sie ist dunkel, die Zacken der Uferberge sind dennoch sichtbar. Drohend und schwarz hebt sich der Workotsch aus dem nächtlichen Tal, rechts schaut der Schreckenstein unwillig über Land. Vom Niveau des Wassers, im fahlen Mond oder im Dämmer, büßt das Elbpanorama alle Idyllik ein, unheimlich ist es, durch eine Silhouettenlandschaft zu gleiten. Nach und nach tauchen friedlichere Hänge auf, allerdings nur im bizarren Rahmen von Nebelrissen. Da wir hinter Tetschen das Elbsandsteingebirge erblicken, ist die Morgensonne mit penetrantem Leuchten aufgegangen, bestrahlt die Fluten der Elbe und die lotrechten, zerklüfteten Felsgebilde an ihren Ufern.

Egon Erwin Kisch (1885–1948)

Nach einem regen in Mělnik

Bei Mělnik lädt die Moldau
ihr stück himmel in die Elbe ab,
die es in schnellem bogen auffängt
(hin und wieder nur bricht eine ecke blau
am weinberg aus,
der die splitter den weinstöcken gibt)
Die Elbe, erdbraun von den bergen kommend,
klärt sich in der scherbe himmel,

die in ihr versinkt
Dann sind die flüsse einen augenblick lang
nichts als strömende wasser
und tragen das blau,
wie es sich auf ihrer tiefe spiegelt
und ihr spiegel es faßt

Du weißt nun, was ich denke,
während wir roten *Ludmila* trinken

Reiner Kunze (geb. 1933)

Gotteskinder

Schon in seiner Kindheit gruselte sich Onkel Pepin gern. Um ins Städtchen zu gelangen, hatte er ein hübsches Stück Wegs der Brauereimauer zu folgen, hinter der die Ketten der angebundenen Pferde und Brauereiochsen rasselten, danach mußte er am Brauereigarten vorbei bis zur Elbe hinuntergehen und schließlich den Weg zwischen Holzschwemme und Feldern nehmen, bis ihm die Laterne beim ersten Gebäude den abenteuerreichen Weg erhellte. Olánek, Kolářů und seine Freunde wußten, wie Onkel Pepin sich ängstigte, und legten sich in der Melde neben dem Weg auf die Lauer; die Mälzer waren auch nicht faul, und hatte Onkel Pepin, schweißnaß und froh, das Kettengerassel endlich hinter sich zu haben, an dem dunklen Abend die Ecke der Brauerei erreicht, wo der Wind, der vom Fluß heraufzog, an der Mauer pfiff und winselte, dann hißten die Mälzer mir nichts dir nichts an einer Stange flatternde Laken, worauf Pepin zum Fluß hinunterwetzte, und kaum erblickte er das erste Licht, dann fingen Olánek, Kolářů und seine Freunde an, in der hohen Melde herumzukullern und zu rabascheln, und der Onkel hörte beim Näherkommen zu seinem Entsetzen menschliche Stimmen: Da kommt er ... Er ist schon da ... Habt ihr eure scharfen Messer dabei? ... Ganz leise, nur leise ... Den bringen wir um! Onkel Pepin rannte zur Elbe hinab und kraxelte dann den Weg zur Brauereimauer herauf, wo sich nicht selten wieder ein am Stock wehendes Laken zu ihm herüberbeugte, wobei unmenschliche Jaultöne erschollen, was den Onkel veranlaßte, ohne Halt mit schlappernder Zunge an den langen Brauereiställen entlangzurasen, wieder mit dem Gefühl, als lauerten hinter der Mauer Satanasse und rasselnde Ketten auf ihn […] .

Bohumil Hrabal (1914–1997)

Deportationszug nach Theresienstadt

Dann zeigt sich links die Elbe, die uns auf der ganzen Fahrt begleitet.

Schandau, hingelagert unter die Vorläufer der Gebirge, grüßt herüber. Sendig-Hotel, die beiden viereckigen Türme, die das Gebäude flankieren, in dem rechten wohnten wir auf unserer Hochzeitsreise. Mutti und ich stehen am Fenster und drücken uns die Hände und starren hinüber zu dem Ort, wo wir so glücklich waren.

Das Massiv der Feste Königstein taucht auf. Die Berge rücken näher zusammen, die Elbe wird schmäler. All die bekannten Namen der Sächsischen Schweiz ziehen daher, die grotesken Formen des Elbsandsteingebirges, die Grenze. Sie ist heute keine mehr.

Aber nun haben wir den alten deutschen Boden verlassen, sind auf fremder Erde. Kleine Orte, sich in die Berge aufschwingend. Schön die abwechslungsreichen Konturen der bewaldeten Höhen. Lieblich die Gegend, unten Obst und Blumen, oben das Dunkel der Wälder. Leitmeritz – wir sind am Ziel.

Nach wenigen Minuten, ein kleines Stationsgebäude: Bauschowitz-Theresienstadt. […]

Am Nachmittag erhielten wir die Ghetto-Transportnummer, deren Wichtigkeit uns erst viel später zu Bewußtsein kam. Berlin, das uns Nummern gegeben, wurde ausgelöscht und ersetzt durch die Nr. Römisch Eins – Strich Neunundzwanzig. Unter dieser Bezeichnung leben und sterben wir von jetzt an.

Philipp Manes (1875–1944)

Gefangenschaft

Als ich westwärts durch die Wälder zur Elbe gehetzt, wollte ich in irgendeine Fremdenlegion; ich war dreiundzwanzig, hatte ein Notabitur und konnte doch nichts als ein Maschinengewehr bedienen und gehorchen und Befehle ausführen, ein Kolonialdienst würde mich brauchen können, das war meine letzte Hoffnung, da Deutschland keine Hoffnung mehr war. Doch an allen Wegen zur Elbe und rings um die Wälder standen Soldaten in langen, erdbraunen Mänteln, mit langen Bajonetten auf den Gewehren, ihre Wachtfeuer rauchten, sie tranken und lachten, und Glocken schallten, manchmal ratterte ein Maschinengewehr, und an den Eichen schaukelten Gehenkte. – Ein Selbstmordversuch im Dickicht am Feldrain, dann war auch mein letzter Ausbruch gescheitert, und ich trottete mit den Zehntausend ostwärts, siebzehn Tage, stechende Sonne, die Kirschbäume blühten, wir aßen ihr Harz und aßen das Gras vom Rastplatz und schwammen in den Bächen und Teichen und aßen Wasser und aßen Erde und hörten die Glocken der mährischen Türme und starrten in die fremden, schon unbegreiflich vertrauten Gesichter junger Kirgisen, die uns eskortierten, und es war Mai.

Franz Fühmann (1922–1984)

Von Böhmen nach Sachsen

21. Mai 1801

[An Wilhelmine v. Zenge]

Von Töplitz fuhren wir tiefer in Böhmen nach Lowositz, das am südlichen Fuße des Erzgebirges liegt, da, wo die Elbe hineintritt. Wie eine Jungfrau unter Männern erscheint, so tritt sie schlank und klar unter die Felsen – Leise mit schüchternem Wanken naht sie sich – das rohe Geschlecht drängt sich, den Weg ihr versperrend, um sie herum, der Glänzend-Reinen ins Antlitz zu schauen – sie aber ohne zu harren, windet sich, flüchtig, erröthend, hindurch – In Aussig ließen wir den Wagen zu Lande fahren, und fuhren noch 10 Meilen auf der Elbe nach Dreßden. Ach, Wilhelmine, es war einer von jenen lauen, süßen, halb dämmernden Tagen, die jede Sehnsucht, und alle Wünsche des Herzens ins Leben rufen – Es war so still auf der Fläche des Wassers, so ernst zwischen den hohen, dunkeln Felsufern, die der Strom durchschnitt. Einzelne Häuser waren hie und da an den Felsen gelehnt, wo ein Fischer oder ein Weinbauer sich angesiedelt hatte. Mir schien ihr Loos unbeschreiblich rührend und reizend – das kleine einsame Hüttchen unter dem schützenden Felsen, der Strom, der Kühlung und Nahrung zugleich herbeiführt, Freuden, die keine Idylle mahlen kann, Wünsche, die nicht über die Gipfel der umschließenden Berge fliehen – ach, liebe Wilhelmine, ist Dir das nicht auch alles so rührend und reizend wie mir? Könntest Du bei diesem Glück nicht auch Alles aufgeben, was jenseits der Berge liegt? Ich könnte es – ach, ich sehne mich unaussprechlich nach Ruhe. Für die Zukunft leben zu wollen – ach, es ist ein Knabentraum, und nur wer für den Augenblick lebt, lebt für die Zukunft. [...]

Heinrich von Kleist (1777–1811)

Bei Bad Schandau – Aufstieg zum Lilienstein

Nach einer etwas ermüdenden Wanderung verließen wir die Tannenbäume und waren nun von prächtigen grünen Buchen umgeben. Ringsum sprangen Quellen aus dem fruchtbaren Erdreich, noch ein paar Schritte, und wir standen 1780 Pariser Fuß über der Meeresoberfläche. Welch eine Unendlichkeit lag rundherum! Tief unten im bewaldeten Grund wand sich die Elbe als schmales Band, sie verlor sich bei Dresden, dessen Kuppeln und Türme sich vor Meißens bläulichen Bergen erhoben. Am schönsten aber war es nach Böhmen zu – nie hätte ich mir diesen dunkelblauen Schimmer der Berge vorgestellt! Wie ein versteinertes Meer lagen sie vor mir, und fern am Horizont erhob sich das Riesengebirge mit seinem Schnee als luftiges Wolkenland, wo man bis Colmberg blickte, obwohl vierundzwanzig Meilen dazwischen lagen. Schwere Wolken glitten an den Hängen der Berge hin, dort lag eine Partie ganz im Schatten, während eine andere sich im hellen Sonnenlicht erhob. [...]

Wir gingen ein Stück an der Elbe entlang und begegneten dort österreichischen Grenzsoldaten. Sie sangen aus der „Stummen von Portici", und die bekannte Melodie regte mich dazu an, mich der Heimat näher zu träumen, als ich es hier war. Drei böhmische Ruderknechte warteten mit einer Gondel, die uns wieder zurück nach Sachsen bringen sollte. Der Wind blähte die Segel, Berge und Wälder erhoben sich zu beiden Seiten, wir kamen an mehreren großen Schiffen vorüber, beladen mit Balken und Planken tief aus dem Inneren Böhmens. Dicht am Ufer erblickten wir einen großen Steinbruch, der vor allem für Dänen von Interesse ist, denn hier sollen Steine für das Schloß Christiansborg gebrochen worden sein. Nicht weit davon ragte über den Weg, der an der Elbe entlang führte, ein Berg, den die Natur so gebildet hatte, daß er aus der Entfernung ganz wunderbar der Büste Ludwig XVI. glich und auch danach benannt ist. Es war ganz sein Gesichtsausdruck, und um den riesigen Kopf hing die Allonge-Perücke. Kam man dicht an den Felsen heran, dann wurde alles unbedeutend, und man sah nichts weiter als die wilden Felsenstücke übereinander und grünes Gebüsch in den tiefen Klüften.

Bei Schandau stiegen wir an Land, denn wir wollten am selben Abend in Dresden sein. Aber wir hatten noch eine Felsenpartie zu besuchen, den bekannten Lilienstein. Senkrecht erhoben sich die stolzen Felsenblöcke, wir standen schon an ihrem Fuß, unter den alten Linden, die ihren Schatten auch Friedrich II. angeboten hatten. Mehrere Fußwege kreuzten sich, bald sanken wir im tiefen Sand ein, bald mußten wir auf Stufen, die in den Fels geschlagen waren, fast senkrecht in die Höhe steigen. Über dem gähnenden Abgrund lag eine kleine hölzerne Brücke, der Pfad wurde immer gewundener, endlich standen wir auf der höchsten Stelle, einer großen Fläche, die fast den gesamten Umfang des Felsens einnimmt und mit Tannen und Kiefern bewachsen ist. Welch eine herrliche Aussicht hat man von hier aus über Schandau bis zu den böhmischen Bergen! Tief unten, zwischen den sonnenbeschienenen grünen Wiesen, floß die Elbe, und auf der anderen Seite sah man den Flecken Königstein unterhalb des stolzen Berges, auf dem die eigentliche Festung liegt.

Unter den hohen Felswänden führt ein kleiner Pfad an der Elbe entlang nach Pirna. Jenseits des Flusses erhob sich das Bergschloß Sonnenstein, das jetzt eine Irrenanstalt ist.

Hans Christian Andersen (1805–1875)

Ballade über die Treue fern der Elbe

Regen fällt vom Himmel schwer,
Fern sind die Berge im Nebelmeer;
Die Elbe flieht aus dem Böhmerland,
Lehmig-gelb berührt sie den Strand.
Auf der Brücke geht ein Soldat,
Wo man ein Kreuz errichtet hat.
Regen, Sturm – das duldet er gern,
Denkt nur an seine Heimat fern.
Herrlich liegt sie im Sonnenschein,
Dort ist die Herzallerliebste sein!
Was mag sie tun? So denkt er nach,
Sie ist ein Weib – ein Weib ist schwach,
Darin hat sich schon mancher geirrt,
Die Treue leicht gelb wie die Elbe wird.

Hans Christian Andersen (1805–1875)

De Säk'sche Lorelei

Ich weeß nich, mir isses so gomisch
Un ärchendwas macht mich verschtimmt,
S'is meechlich, das is anadomisch,
Wie das ähmd beim Mänschen oft gimmt.

De Älwe, die bläddschert so friedlich,
Ä Fischgahn gommt aus di Tschechei.
Drin sitzt 'ne Familche gemiedlich,
Nu sinse schon an dr Bastei.

Un ohm uffn Bärche, nu gugge,
Da gämmt sich ä Freilein ihrn Zobb.
Se schtriecheltn glatt hibbsch mit Schbugge,
Dann schtäcktsn als Gauz uffn Gobb.

Dr Vadder da unten im Gahne
Glotzt nuff bei das Weib gans entzickt.
De Mudder meent draurich: „Ich ahne,
Die macht unsern Babbah verrickt."

Nu fängt die da ohm uffn Fälsen
Zu sing ooch noch an ä Gubbleh.
Dr Vadder im Gahn dud sich wälsen
Vor Lachen un jodelt: „Juchheh!"

„Bis schtille", schreit ängstlich Ottilche.
Schon gibbelt gans forchtbar dr Gahn,
Un blätzlich versinkt de Familche …
Nee, Freilein, was hamse gedan!

Lene Voigt (1891–1962)

Bastei

Zwischen dichten Tannen führte der Weg ständig bergauf, der weiße Wolkennebel hing tief über unsern Köpfen; vor uns lag ein großes, schönes Gebäude, es war das Wirtshaus auf der Bastei; denn hier ist es hoch, sehr hoch! Du mußt ein paar Kirchtürme übereinanderstellen und darfst nicht schwindlig werden, wenn du auf dieser äußersten Spitze stehst. Hier ist ein Geländer, damit du nicht fällst! – Das lange weißgelbe Band dort unten, das in deinen Augen nicht breiter als die Fliesen auf der Straße ist, das ist die Elbe. Das braungelbe Weidenblatt, das du darauf zu sehen glaubst, ist ein langes Flußschiff. Du kannst auch die Männer darauf erkennen, doch nur als Punkte! – Versuch, einen Stein in die Elbe zu werfen, du mußt deine ganze Kraft aufbieten, und doch fällt er hier, auf dieser Seite ins Gras. Die Dörfer liegen dort unten wie Spielzeug auf einem Markttisch da. Dort ragten der Königstein und der Lilienstein halb in den Wolkennebel; aber sieh, der Nebel zerstreut sich! Die Sonnenstrahlen fallen auf den Pfaffenstein und auf die Kuppelberge! Der ganze Wolkenvorhang geht nun auf, und in der bläulichen Ferne erkennst du die böhmischen Rosenberge und den Geisingberg im Erzgebirge.

Hans Christian Andersen (1805–1875)

Januarhochwasser 1920 in Pirna

Dicht an die Berge gedrückt, am Felsentor der Dresdener Elbtallandschaft und am Ende einer langen, von Dresden her immer dicht an der Elbe hingezogenen Industriegasse liegt das alte Pirna, trotz harten Zeiten, unter denen die des „Pirnaischen Elends" im Dreißigjährigen Krieg die härteste war, in beinahe ursprünglicher Gestaltung erhalten. Gotik, Renaissance, Barock und Rokoko haben an dieser Stadt gebaut. Giebel und Fronten, Portale und Erker der alten Häuser zeugen dafür. Noch im grauen Licht eines Regentages ist diese altersbraune Stadt eine schöne Stadt. [...]

In Pirna spannt man den Regenschirm auf. Das scheint wie ein Gesetz unumgänglich zu sein. So dünkte mich Pirna in stärkerem Maße als Meißen als Stadt am Wasser, als Wasserstadt.

Vor allem aber seit dem Hochwasser des Januars 1920, bei dem die halbe Stadt im Wasser versank.

Ging man damals durch die Straßen, so leckte in allen Gassen von der Elbe herauf der unheimlich gewordene Strom in die Stadt hinein. Immer höher schwoll die trübe Flut. Meter um Meter rückte sie vor, nahm gespenstisch wesenhaft, immerfort leise gurgelnd wie in diabolischer Freude von Straßen und Gärten und Häusern Besitz. Die Menschen flohen in höher gelegene Räume, retteten ihre Habe vor dem graugelb wälzenden Wasser, das an den Wänden heraufschaukelte, aus Kellerräumen schoß, durch Wohnungen strömte, Treppen sacht, schnell, hämisch rauschend heraufstieg.

Manche Wohnungen überfiel es tückisch schnell. Die Menschen flohen über Dachböden und Leitern. Das Wasser stürzte durch Fenster herein, wälzte über Tische und Sofas hin, löschte Herdgluten, stieg, gurgelte und ließ Töpfe auf gelben Wellen um ersoffene Hängelampen tanzen. Kanapees schaukelten als seltsame Polsterboote auf dem Wasser dicht unter Zimmerdecken. Tische flößten in ersoffenen Räumen traurig umher. Schwimmende Möbel taumelten leise aufeinander zu, stießen in sanfter Karambolage aneinander und schaukelten, melancholisch sich drehend, nach anderen Richtungen auseinander. [...]

Aquis submersus – im Wasser versunken. An diesen Titel der Stormschen Novelle erinnerte ein Blick vom Sonnenstein herab auf die überschwemmte Vorstadt. In den trüben Kanälen der Straßen zogen langsam die Kähne dahin, die die Menschen zu ihren Wohnungen brachten. Die Bewohner erkletterten von den Kähnen aus auf Leitern die oberen Stockwerke der Häuser. Durch die Fenster stiegen sie hinein.

Edgar Hahnewald (1884–1961)

Gräfin Elbe und die Diplomatie der Flüsse

Frau Gräfin Elbe wollte ihre Gesellschaft geben. Wie immer im intimen Kreise. Nur die Spitzen waren geladen. Schon, weil Se. Majestät erschien. König Rhein ist ja recht leutselig, zumal wenn er (ganz im Vertrauen gesagt) ein Gläschen zuviel getrunken hat, und das hat er (in noch tieferem Vertrauen gesagt) eigentlich oft; aber König ist König.

Man kann keinen Plebs zulassen. Neulich hat sich die Stolpe aus Pommern um eine Einladung bemüht. Diese pommersche Gans! Man hat sie natürlich stolpern lassen.

Ach Gott, man hat so wie so seine liebe Not. Der Mangel an Herren! Majestät und seine Kammerjunker Main und Neckar; dann der Inn, der im Gefolge der Donau kommt, und schon ist Schluß. Sonst nur Damen: *die* Weser, *die* Oder, *die* Elbe, *die* Ems, *die* Donau, *die* Memel. Überschuß an Weiblichkeit wie überall.

Schließlich hat sich Frau Elbe nach langen, schweren Bedenken entschlossen, mal den Pregel einzuladen. Lediglich weil er ein Mann ist; denn sonst – o, man kann sich denken, was der Kerl aus seinen masurischen Wäldern für ein Odeur in den Salon bringen wird. Aber er hat eine freie Standesherrschaft, und – er ist ein Mann. Eine Art Mikosch unter den deutschen Flußherrschaften. Man muß es eben probieren.

Paul Keller (1873–1932)

DRESDEN: LITERARISCHE BILDER EINER GROSSSTADT

In Dresden würden zum Gedicht

„Den möchte' ich sehn, deß Worte nicht
In Dresden würden zum Gedicht,
Wenn in der Brust sich etwas nur
Ihm regt von dicht'rischer Natur!
Daß hier so Vieles zu mir spricht,
Was mich *ergötzt*, das macht es nicht!
Wohl sah ich manchen prächt'gern Strom,
Und manchen ältern, höhern Dom,
Und manchen kühnern Bergesschwung
Mit freudiger Begeisterung,
Als hier der Elbe schönes Thal
Mir zeigt im Mond- und Sonnenstrahl;
Auch manchen doch noch edlern Wein,
Als edlen Meißner, schlürft' ich ein;
Und näher nach dem Nordpol fand
Ich höhern Thermometerstand,
Und süßern Frühlingsblumenduft,
Als hier zur Zeit durchwürzt die Luft;
Auch manches höh're Lebensglück
Entzündete mir Herz und Blick,
Im Kreise fast so schöner Frau'n,
Als Dresdens Flora gibt zu schau'n;
Doch setzt' ich – wie ich schwören kann –
Nur selten einen Reim daran,
Denn Pegasus, der edle Gaul,
War stets bei mir ein wenig faul!

August Gottlob Eberhard (1769–1845)

Lob Gedicht an die Sämptliche Elbe=Nymfen

Der güldne Sonen=glanz mag hier viel schöner glänzen /
Wann solcher sich erstrekkt nach denen Elbe=Grenzen /
Der Mond führt freundlicher sein volles Angesicht /
Weil die Vollkommenheit aus deren Nymfen bricht /
Die scheinen immerzu die Milch=Straß anzulachen /
Weil sie nur das Gestirn darinn zu nichten machen /
Orion wird bestrahlt / und Venus wird geschmükkt /
Wann diese Nymfen=Zunft die Strahlen überschikkt.
Ihr Edle Sternen Ihr / Ihr seyds die man muß ehren /
Wann andre Nymfen sonst von Euch nur Nachricht hören /
So weichen Sie gar gern / und laßen Euch den Preiß /
Weil Eure Höfflichkeit nur Euch zum Meister weiß /
Ihr seyd es Die man hatt vor SonderSchön zu achten /
Wann man nur die Gestalt recht gründlich wil betrachten /
Die Augen leuchten hell / Die Hände bleiben zart /
Weil vor der Sonnen Hitz Ihr so wohl verwahrt /
Der Gang ist Zierlichkeit / von Freundlichkeit die Wangen /
Der Lippen Honigseim kann Herz und Seele fangen /
Wann sich dann der Verstand in Eurer Kunst erweist /
So sieht man daß das Werk den Meister selbsten preist /
Euch meyn'ich die Ihr seyd in Dresden hier gebohren /
Auch Die so Ihnen dar / zu wohnen sonst erkohren /
Euch Die Ihr selbsten habt die Tugend zugelegt /
Nicht Euch / in welchen wird der Laster=Schlamm gehegt /
Wohlan! Euch die Ich meyn' Euch Edle Schäferinnen
Ersuch ich sonderlich / vergebt mir mein Beginnen /
Daß meine Wenigkeit zu rühmen sich erkühnt /
Da ich doch niemahls hab um Euch mich recht verdient /
Die Florabella will / daß ich Euch soll verehren
Weil Sie durch Euren Mund sich öfters lässet hören /
So wüntscht Talander Euch / Euch den Ihr nicht recht kennt /
Ein ewig Wohlergehn / und Ihm ein glücklich END.

Johann Joseph Beckh (ca. 1635–nach 1692)

In Dresden wohne ich

13. Juli 1813

In Dresden wohne ich – auf dem Lande! – d. h. vor dem Schwarzen Tor auf dem Sande in einer Allee, die nach dem Linkischen Bade führt. Aus meinem mit Weinlaub umrankten Fenster übersehe ich einen großen Teil der herrlichen Elbgegend, d. h. jenseits des freundlichen Stromes einen Teil der Sächsischen Schweiz, Königstein, Lilienstein usw. Gehe ich nur zwanzig Schritte von der Türe fort, welches ich, sooft ich will, in Mütze und Pantoffeln mit der Pfeife im Munde tun kann, so liegt das herrliche Dresden mit seinen Kuppeln und Türmen vor mir ausgebreitet, und über denselben ragen die fernen Felsen des Erzgebirges hervor.

E. T. A. Hoffmann (1776–1822)

Aus dem Goldenen Topf

Am Himmelfahrtstage, nachmittags um drei Uhr, rannte ein junger Mensch in Dresden durchs Schwarze Tor, und geradezu in einen Korb mit Äpfeln und Kuchen hinein, die ein altes häßliches Weib feil bot, so, daß alles, was der Quetschung glücklich entgangen, hinausgeschleudert wurde, und die Straßenjungen sich lustig in die Beute teilten, die ihnen der hastige Herr zugeworfen. Auf das Zetergeschrei, das die Alte erhob, verließen die Gevatterinnen ihre Kuchen- und Branntweintische, umringten den jungen Menschen und schimpften mit pöbelhaftem Ungestüm auf ihn hinein, so daß er, vor Ärger und Scham verstummend, nur seinen kleinen nicht eben besonders gefüllten Geldbeutel hinhielt, den die Alte begierig ergriff und schnell einsteckte. Nun öffnete sich der festgeschlossene Kreis, aber indem der junge Mensch hinausschoß, rief ihm die Alte nach: Ja renne – renne nur zu, Satanskind – ins Kristall bald dein Fall – ins Kristall! – Die gellende, krächzende Stimme des Weibes hatte etwas Entsetzliches, so daß die Spaziergänger verwundert stillstanden, und das Lachen, das sich erst verbreitet, mit einem Mal verstummte. – Der Student Anselmus (niemand anders war der junge Mensch) fühlte sich, unerachtet er des Weibes sonderbare Worte durchaus nicht verstand, von einem unwillkürlichen Grausen ergriffen, und er beflügelte noch mehr seine Schritte, um sich den auf ihn gerichteten Blicken der neugierigen Menge zu entziehen. [...] Unter einem Holunderbaume, der aus der Mauer hervorgesprossen, fand er ein freundliches Rasenplätzchen; da setzte er sich hin und stopfte eine Pfeife von dem Sanitätsknaster, den ihm sein Freund, der Konrektor Paulmann, geschenkt. – Dicht vor ihm plätscherten und rauschten die goldgelben Wellen des schönen Elbstroms, hinter demselben streckte das herrliche Dresden kühn und stolz seine lichten Türme empor in den duftigen Himmelsgrund, der sich hinabsenkte auf die blumigen Wiesen und frisch grünenden Wälder, und aus tiefer Dämmerung gaben die zackichten Gebirge Kunde vom fernen Böhmerlande. Aber finster vor sich hinblickend, blies der Student Anselmus die Dampfwolken in die Luft, und sein Unmut wurde endlich laut, indem er sprach: „Wahr ist es doch, ich bin zu allemmöglichen Kreuz und Elend geboren! – Daß ich niemals Bohnenkönig geworden, daß ich im Paar oder Unpaar immer falsch geraten, daß mein Butterbrot immer auf die fette Seite gefallen, von allem diesen Jammer will ich gar nicht reden; aber, ist es nicht ein schreckliches Verhängnis, daß ich, als ich denn doch nun dem Satan zum Trotz Student geworden war, ein Kümmeltürke sein und bleiben mußte? – Ziehe ich wohl je einen neuen Rock an, ohne gleich das erste Mal einen Talgfleck hineinzubringen, oder mir an einem übel eingeschlagenen Nagel ein verwünschtes Loch hineinzureißen? Grüße ich wohl je einen Herrn Hofrat oder eine Dame, ohne den Hut weit von mir zu schleudern, oder gar auf dem glatten Boden auszugleiten und schändlich umzustülpen? [...]

Hier wurde der Student Anselmus in seinem Selbstgespräche durch ein sonderbares Rieseln und Rascheln unterbrochen, das sich dicht neben ihm im Grase erhob, bald aber in die Zweige und Blätter des Holunderbaums hinaufglitt, der sich über seinem Haupte wölbte. Bald war es, als schüttle der Abendwind die Blätter, bald, als kos'ten Vögelein in den Zweigen, die kleinen Fittige im mutwilligen Hin- und Herflattern rührend. – Da fing es an zu flüstern und zu lispeln, und es war, als ertönten die Blüten wie aufgehangene Kristallglöckchen. Anselmus horchte und horchte. Da wurde, er wusste selbst nicht wie, das Gelispel und Geflüster und Geklingel zu leisen halbverwehten Worten:

„Zwischendurch – zwischenein – zwischen Zweigen, zwischen schwellenden Blüten, schwingen, schlängeln, schlingen wir uns – Schwesterlein – Schwesterlein, schwinge dich im Schimmer – schnell, schnell herauf – herab – Abendsonne schießt Strahlen, zischelt der Abendwind – raschelt der Tau – Blüten singen – rühren wir Zünglein, singen wir mit Blüten und Zweigen – Sterne bald glänzen – müssen herab – zwischendurch, zwischenein, schlängeln, schlingen, schwingen wir uns Schwesterlein." –

So ging es fort in Sinne verwirrender Rede. Der Student Anselmus dachte: das ist denn doch nur der Abendwind, der heute mit ordentlich verständlichen Worten flüstert. – Aber in dem Augenblick ertönte es über seinem Haupte, wie ein Dreiklang heller Kristallglocken; er schaute hinauf und erblickte drei in grünem Gold erglänzende Schlänglein, die sich um die Zweige gewickelt hatten, und die Köpfchen der Abendsonne entgegenstreckten. Da flüsterte und lispelte es von Neuem in jenen Worten, und die Schlänglein schlüpften und kos'ten auf und nieder durch die Blätter und Zweige, und wie sie sich so schnell rührten, da war es, als streue der Holunderbusch tausend funkelnde Smaragde durch seine dunklen Blätter. „Das ist die Abendsonne, die so in dem Holunderbusch spielt", dachte der Student Anselmus, aber da ertönten die Glocken wieder, und Anselmus sah, wie eine Schlange ihr Köpfchen nach ihm herabstreckte. Durch alle Glieder fuhr es ihm wie ein elektrischer Schlag, er erbebte im Innersten – er starrte hinauf, und ein paar herrliche dunkelblaue Augen blickten ihn an mit unaussprechlicher Sehnsucht, so daß ein nie gekanntes Gefühl der höchsten Seligkeit und des tiefsten Schmerzes seine Brust zersprengen wollte. Und wie er voll heißen Verlangens immer in die holdseligen Augen schaute, da ertönten stärker in lieblichen Akkorden die Kristallglocken, und die funkelnden Smaragde fielen auf ihn herab und umspannen ihn, in tausend Flämmchen um ihn herflackernd und spielend mit schimmernden Goldfaden. Der Holunderbusch rührte sich und sprach: „Du lagst in meinem Schatten, mein Duft umfloß dich, aber du verstandest mich nicht. Der Duft ist meine Sprache, wenn ihn die Liebe entzündet." Der Abendwind strich vorüber und sprach: „Ich umspiele deine Schläfe, aber du verstandest mich nicht, der Hauch ist meine Sprache, wenn ihn die Liebe entzündet." Die Sonnenstrahlen brachen durch das Gewölk, und der Schein brannte wie in Worten: „Ich umgoß dich mit glühendem Gold, aber du verstandest mich nicht; Glut ist meine Sprache, wenn sie die Liebe entzündet."

Und immer inniger und inniger versunken in den Blick des herrlichen Augenpaars, wurde heißer die Sehnsucht, glühender das Verlangen. Da regte und bewegte sich alles, wie zum frohen Leben erwacht. Blumen und Blüten dufteten um ihn her, und ihr Duft war wie herrlicher Gesang von tausend Flötenstimmen, und was sie gesungen, trugen im Widerhall die goldenen vorüberfliehenden Abendwolken in ferne Lande. Aber als der letzte Strahl der Sonne schnell hinter den Bergen verschwand, und nun die Dämmerung ihren Flor über die Gegend warf, da rief, wie aus weiter Ferne, eine raue tiefe Stimme:

„Hei, hei, was ist das für ein Gemunkel und Geflüster da drüben? – Hei, hei, wer sucht mir doch den Strahl hinter den Bergen! – genug gesonnt, genug gesungen – Hei, hei durch Busch und Gras – durch Gras und Strom! – Hei, – hei – Her u-u-u nter – Her u-u-u nter!" –

So verschwand die Stimme wie im Murmeln eines fernen Donners, aber die Kristallglocken zerbrachen im schneidenden Mißton. Alles war verstummt, und Anselmus sah, wie die drei Schlangen schimmernd und blinkend durch das Gras nach dem Strome schlüpften; rischelnd und raschelnd stürzten sie sich in die Elbe, und über den Wogen, wo sie verschwunden, knisterte ein grünes Feuer empor, das in schiefer Richtung nach der Stadt zu leuchtend verdampfte. […]

E.T.A. Hoffmann (1776–1822)

Vom Blauen Wunder zur Standseilbahn

Die elektrischen Zitronen aus dem VEB „Narva", mit denen der Baum dekoriert war, hatten einen Defekt, flackerten hin und wieder auf und löschten die elbabwärts liegende Silhouette Dresdens. Christian zog die feuchtgewordenen, an den wollenen Innenseiten mit Eiskügelchen bedeckten Fäustlinge aus und rieb die vor Kälte fast taub gewordenen Finger rasch gegeneinander, hauchte sie an –

der Atem verging als Nebelstreif vor dem finster liegenden, in den Fels gehauenen Eingang des Buchensteigs, der hinauf zu Arbogasts Instituten führte. Die Häuser der Schillerstraße verloren sich im Dunkel; vom nächstgelegenen, einem Fachwerkhaus mit verriegelten Fensterläden, lief eine Stromleitung ins Geäst einer der Buchen über dem Felsdurchgang, ein Adventsstern brannte dort, hell und reglos. Christian, der über das Blaue Wunder und den Körnerplatz gekommen war, ging weiter stadtauswärts, in Richtung Grundstraße, und erreichte bald die Standseilbahn. Vor den Schaufenstern der Geschäfte, an denen er vorüberging – ein Bäcker, Molkereiwaren, ein Fischladen –, waren die Rolläden herabgelassen; düster und mit aschigen Konturen, halb schon im Schatten, lagen die Häuser. Es schien ihm, als ob sie sich aneinanderdrängten, Schutz beieinander suchten vor etwas Unbestimmtem, noch nicht Ergründbarem, das vielleicht aufgleiten würde aus der Dunkelheit – wie der Eismond aufgeglitten war über der Elbe vorhin, als Christian auf der menschenleeren Brücke stehengeblieben war und auf den Fluß geblickt hatte, den dicken, von seiner Mutter gestrickten Wollschal über Ohren und Wangen gezogen gegen den frostscharfen Wind. Der Mond war langsam gestiegen und hatte sich von der kaltträgen, wie flüssige Erde wirkenden Masse des Stromes gelöst, um allein über den Wiesen mit ihren in Nebelgespinste gehüllten Weiden, dem Bootshaus auf der Altstädter Elbseite zu stehen, den gegen Pillnitz zu sich verlierenden Höhenzügen. Von einem Kirchturm in der Ferne schlug es vier, was Christian wunderte.

Uwe Tellkamp (geb. 1968)

Gedicht über Dresden

Scheintote Stadt, Barockwrack an der Elbe
  Schwimmend in brauner Lauge, spät fixiert
    Taucht sie aus Rotz und Wasser auf, ein Suchbild
      Ein Puzzle, königlich, mit dem der Krieg
        Die Schrecken der *Zerstörungswelt* entschärfte
          … was diesen Brücken keinen Abbruch tat,
            Der Silhouette nicht, den schmalen Türmen

Chiaveris Schwan und dem Balkon Europas,–
Sandstein, der alles weichmacht was hier aufwächst
Das beste Depressivum ist der genius loci
An einem Ort, gemästet mit Erinnerungen,
Schwammfäule, schön getönt als Nostalgie
Narkotisch wie die psychotropen Jamben,
Die anglo-amerikanische Version *nevermore,*

Auch Dresden ist ein Werk des Malerlehrlings
Mit dem in Wien verstümperten Talent
Der halb Europa seinen Stilbruch aufzwang
In diesem Fall ergab sich wie von selbst
Die Technik flächendeckender Radierung
Durch fremde Bomber, Meister ihres Fachs
In einer Nacht mit schwarzem Schnee im Februar

Getreu den Plänen seines Kunstfreunds Speer
(„Die Zukunft, Albert!") bleibt von *Bausubstanzen*
Nach Tausend Jahren noch, groß im Verfall
Die Schönheit der Ruinen, ihr *Ruinenwert.*
So praktisch kommt Romantik in der Hand
Von Ingenieuren. Ein *Gesamtkunstwerk*
Singt unter Trümmern noch in höchsten Tönen

Im Futur II wird alles still geworden sein.

Durs Grünbein (geb. 1962)

Dresdner Schönheiten, König August und Minister Brühl

Wir reisten über Metz, Mainz und Frankfurt und kamen gegen Ende desselben Monats in Dresden an. Meine Mutter nahm uns mit der zärtlichsten Liebe auf und war entzückt über das Wiedersehen. Mein Bruder verbrachte vier Jahre in dieser hübschen Stadt mit beständigem Studium seiner Kunst; er kopierte in der kurfürstlichen Galerie alle schönen Schlachtenbilder der größten Meister. [...]

Das Leben, das ich bis zum Ende des Karnevals 1753 in Dresden führte, bietet nichts Besonderes. Um den Schauspielern und besonders meiner Mutter ein Vergnügen zu machen, verfaßte ich eine Tragikomödie, worin ich zwei Harlekine auftreten ließ. Es war eine Parodie der „Feindlichen Brüder" von Racine. Der König lachte herzlich über die komischen Bosheiten, mit denen mein Stück gespickt war, und ich erhielt von ihm und seinem Minister, dessen Prachtliebe nirgends in Europa ihresgleichen fand, ein herrliches Geschenk. [...]

Die ersten drei Monate meines Dresdner Aufenthalts verbrachte ich damit, alle käuflichen Schönheiten kennenzulernen. Ich fand, daß sie die Italienerinnen und Französinnen, was ihre körperlichen Reize anbelangt, noch übertrafen. Was aber Anmut, Geist und Charme betrifft, so konnten sie sich mit diesen nicht messen, denn ihr Charme besteht vor allem darin, in denjenigen verliebt zu erscheinen, der sie liebenswert findet und sie bezahlt. Ich mußte meinen Dresdner Streifzug wegen eines Liebesangebindes, das mir eine schöne Ungarin aus der Gesellschaft der Creps überließ, aufgeben. Das war das siebte Mal, daß ich mich auf diese Weise indisponiert fand, und ich mußte mich, wie bereits früher, durch eine sechswöchige Enthaltsamkeit davon befreien. [...]

Ich hatte in Dresden häufig Gelegenheit, den König zu sehen; er liebte seinen Minister, den Grafen Brühl, weil sein Günstling das doppelte Geheimnis besaß, noch verschwenderischer zu sein als sein Gebieter und ihm alles zu ermöglichen.

Niemals war ein Monarch ein so angesagter Feind der Sparsamkeit; er lachte über die Schelme, die ihn bestahlen, und gab viel aus, um viel lachen zu können. Da er nicht Geist genug hatte, um über die Dummheiten anderer Fürsten und über die Lächerlichkeiten des menschlichen Geschlechtes lachen zu können, so hatte er vier Spaßmacher in seinem Lohn; man nennt sie in Deutschland ‚Narren', obgleich diese herabgekommenen Menschen für gewöhnlich klüger sind als ihre Herren. [...]

Man tut unrecht, wenn man sagt, Graf Brühl sei Sachsens Verderber gewesen, denn er war nur der getreue Diener der Wünsche und Neigungen seines Herrn. Er hat seine Kinder in Armut zurückgelassen, und damit ist sein Andenken hinreichend gerechtfertigt.

Dresden hatte den glänzendsten Hof, den es damals in Europa gab. Die Künste standen in hoher Blüte. Galanterie sah man jedoch nicht. Denn König August war nicht galant, und die Sachsen sind nicht zur Galanterie veranlagt, wenn ihnen nicht ihr Herrscher das Beispiel gibt.

Giacomo Casanova (1725–1798)

Schlüpfriger Untergrund

Ein wesentlicher Übelstand ist jedoch der, daß unsere Vogelwiese wie jedes Volksvergnügen dem Wasser (der Elbe) sehr nahe liegt und daß deren Boden – wasserscheuer als der Witz der Dresdner Jolikeurs – zufolge seiner Natur gegen Flüssigkeiten aller Arten eine entschiedene Abneigung hat. Spielt gleichwohl der Himmel diesem Boden die Malice, ihn mit Nebel und Regen zu tränken, so läßt er seinen Ingrimm an seinen Besuchern aus, indem er seine sonst anständig Dresdnische, d.i. trockene Natur plötzlich in eine boshafte und zensurwidrige Schlüpfrigkeit – welcher selbst die im Brockhausischen Casanova und anderen moralischen Verlagsartikeln nicht gleichkommen dürfte – verwandelt, so daß selbst die taktfestesten Jungfrauen leicht zum Straucheln kommen, und da bei schmutzigem Wetter besonders die Dienstmädchen und Ammen mit ihren Röcken viel Aufhebens aus der Sache machen, hierdurch in Absicht auf Waden und sonstige verbotene Früchte wiederum Schlüpfrigkeiten bezweckt werden, die der Beschaffenheit des Bodens die Waage halten. Man kann behaupten, daß bei solchem Wetter die Vogelwiese mindest ebenso schlüpfrig ist wie die deutschen Genies. […]

Wer übrigens auf der Vogelwiese war, ohne das „wilde Viertel" zu besuchen, der ist in Rom gewesen, ohne den Papst zu sehen. Das „wilde Viertel" besteht nämlich in einem Winkel des Vogelwiesenterrains, welcher mit dem Elbufer in unmittelbare Berührung tritt. Hier ist nun wie im Paradiese der Muselmänner die Blüte aller Entzückungen: Getränke, Gesänge, selbst die Huris fehlen nicht. Von allen Seiten duften uns Branntwein-, Bier-, Tabak- und Wurstgeruch in fast idealischer Überfülle entgegen; aber wer den Spaß bis auf die Neige genießen will, muß sich dieses Schauspiel zur Abendzeit mit ansehen, wo man obendrein den Vorteil genießt, bloß beobachtend und nicht beobachtet zu sein, da letzteres – entre nous soit dit – für reelle Leute wie unsereiner nicht ganz ehrenvoll sein dürfte. [...] Im Hintergrunde der Bratwurstbuden schwelgen die Gourmands der tagelöhnernden Klasse, umspritzt von der Brühe der zischenden Saucisses und von der Flamme des schöpferischen Herdes in eine wahrhaft dämonische Beleuchtung gestellt. Auch manches verschüchterte Liebespaar findet im Halbdunkel dieser gastlichen Buden ein Asyl; am ungedeckten Tische wird ihnen Schutz und Kost, und unbelauschte Küsse dürfen dieses fette Mahl würzen. Hölzerne Spieße mit sauern Gurken, wie mit Leipziger Lerchen besteckt, werden aus niedlichen Fäßchen verabreicht, deren pikanter Duft manches Maul unwillkürlich schief zieht. Weiterhin verschwimmen im dämmerlichen Dunkel der Nacht und der flackernden Kienkörbe eine Reihe wirbelnder Karussells und rastlos auf- und abfliegende Schaukeln – im Dresdner Volksdialekte Schunkeln genannt – mit ihrer zahlreichen, gemischten menschlichen Ladung zu einem bunten zitternden Farbenmeere, einem Mischmasch von Schein und Bewegung. Auf den Karussells reiten kühne Jungfrauen, die alles mit den Amazonen teilen, nur nicht den Männerhaß; und mit den Schaukeln werden ätherisch gekleidete Mädchen hoch, hoch in die Lüfte geschleudert, daß die Gewänder flattern und ein geübtes Auge in einem Momente mehr Wunderdinge entdecken kann, als ein bescheidener Ehemann oft in Jahr und Tag zu sehen bekommt. Auf den weniger begangenen Wegen, unmittelbar am Elbufer, hinter den aufgehäuften Bausteinen, könnte Wilhelm Müller einen Nachtrag zu seinen „erotischen Tändeleien" auffinden, und in den nahen Holzstößen sollen Fakultätswissenschaften, namentlich Humaniora, stark traktiert werden. [...]

Janus (d.i. Hermann Günther Meynert) (1808–1895)

Elbpoeten 1835

Was soll die Literatur? Die Zeit töten – dies war beim großen Gott die einzige Antwort, welche man damals geben konnte, wenn man all die Gestalten jener Elbpoeten und derer betrachtete, die mit verwandtem Wasser ihre arme Seele erfrischten, wenn man jene platte, ja eingedrückte, schwindsüchtige Gefühlsbrust, jene weitläufigen Gesichter ansah, in welchen sich ein gutes Pferd totmüde rennen kann, ehe es einen grünen Zweig zur Nahrung findet. O du blasse Literaturzeit der Hofräte vom ängstlichen schwarzen Frack und der weißen Halsbinde, gesegnet sei dein Tod! …

Damals gab es gar keine Fragen, keine Zweifel, keine Gegensätze, die Kritik lobte nur, auch wenn sie tadelte, man küßte sich auf beide Wangen, wenn man sich drei Stunden lang nicht gesehen, man lächelte immer, das Herz war von Papiermaché, die Augen waren von Glas, und die Konversation wurde auf einige bestimmte Noten gesetzt. Die Kunstblätter sprachen vom Farbenschmelz, die Theater kokettierten mit den Malerstücken, Clauren schrieb sein „Vergissmeinnicht", und Theodor Hell machte alle Jahre ein anderes Sonett dafür, um zu zeigen, wie die Dichtkunst nichts sagen könne über nichts. Der liebenswürdige Weber wurde gute Beute, und zwei Jahre lang schrieb die „Abendzeitung" über die „veilchenblaue Seide" und zergliederte den Jägerchor. […]

Die Zeit der „Abendzeitung" war die Zeit der Grippe in unserer Literatur: Die schönen Wissenschaften ennuyierten sich und hatten den Schnupfen, die Leute waren nicht krank; denn das ist ein entschiedner, ganzer Zustand, sie waren kränklich, sie aßen lauter schlechten Kuchen und hatten aufgeschwemmte Gesichter. So sind ihre Schriften; wie der sächsische Dialekt breitweich, man greift überall durch und greift nichts. Sie sind ein schwammiges Holz, woraus man nichts schnitzen, was man nicht brennen kann. In der Wissenschaft süßliche Pedanten, in der Kunst Wortklimperer mit verwässertem Geschmack, in der Kritik Speichellecker, mutlose Allerweltsmenschen oder schwachnervige Kleinigkeitskrämer. Eine Literatur der Visitenkarten!

Heinrich Laube (1806–1884)

Hundstage

Das sind die Hundstage, in denen man sich mit bleiernen Gliedern durch die Dürre des Berufs schleppt. Und dann, kaum daß sich die Umklammerung der Pflichten lockert, fährt man an die Elbe, atmet tief und erlöst und schon wieder lebendig im Vorgefühl des Wassers, schmeißt die Kleider ins Gras und steigt in die Flut. Ein Weilchen steht man drin bis an die Knie. Jede Pore giert nach der Wohltat des Wassers. Aber man zögert noch ein Weilchen, schiebt einen Genuß noch um Augenblicke hinaus, nun, da er einem sicher ist, da er einem nicht mehr entwischen kann. Dann ... nein, dann auch noch nicht ... aber dann ... dann wirft man sich hinein, wühlt sich ins Wasser, läßt es über sich zusammenstrudeln. Für Augenblicke ist die Haut erstes, einziges, absolutes Sinnesorgan. Sie, die Haut, fühlt, schmeckt, riecht das Elbwasser, sie empfindet das stille Gleiten der schweren, schwarzen Kohlenzillen, das Klirren der Schlepperketten, das Rauschen der Dampferschaufelräder, das weiße Blühen eines Segels, das Freudengekläff eines Hundes, der einen Spazierstock aus dem Wasser holen darf.

Dann steigt man einmal heraus und steht am Strand, auf dem Rasen, im Sand, auf nassen Kieseln. Das Wasser rinnt kühl herab. Die Luft flattert um den Körper, weich und sanft wie ein Tuch. Und die heiße Strahlung der Sonne, die vorhin eine Qual war, ist jetzt eine Zärtlichkeit. [...]

Eine dicke Hummel läutet im Grase.

Der Taktschlag der Ruderer klatscht im Wasser. Ein weißes Segel zieht vorbei.

Am seichten Ufer paddeln einige Enten herum. Sie tunken ihre Schnäbel ins Wasser, wackeln mit den Stummelschwänzen, schwimmen ein bißchen hin und ein bißchen her. In die Strömung getrauen sie sich nicht.

Möwen schießen über dem allen in eleganten Kurven. Sie leuchten schneeig auf, wenn sie im Licht wenden.

Allmählich sinkt die Sonne in die Uferlandschaft hinab. Der Fluß gleitet ruhiger, blanker, in weichen, matten Opalfarben dahin. Eine frische Brise steht auf und weht Kräuselschauer über den Wasserspiegel. Und gleich darauf gleitet der Strom wieder glatt, blank, seidig. Fische schnellen vergnügt, da nun die Angler gegangen sind.

Ein Mädchen, jung und schlank und knospend in schwarzem Trikot, badet noch ganz allein. Es sieht mit großen, unschuldigen Augen in die Abendröte, in das flüssige, spritzende Gold auf den Wellen. Dann gleitet das Mädchen schwimmend in den stillen Strom hinaus, der Wonne des einsamen Schwimmens ganz hingegeben.

Edgar Hahnewald (1884–1961)

Indianer aus Radebeul

„Das sind meine Freunde und Begleiter", sagte Klekih-petra, wobei er erst auf den Vater und dann auf den Sohn deutete. „Dies ist Intschu tschuna, der große Häuptling der Mescaleros, der auch von allen übrigen Apatschenstämmen als Häuptling anerkannt wird. Und hier steht sein Sohn Winnetou, der trotz seiner Jugend schon mehr kühne Taten verrichtet hat als sonst fünf alte Krieger in ihrem ganzen Leben. Sein Name wird einst genannt und gerühmt werden, soweit die Savannen und die Felsengebirge reichen."

Das klang überschwenglich, war jedoch, wie ich später erfuhr, nicht zuviel gesagt.

Karl May (1842–1912)

Theater am Ufer

Im königlichen Theater wurde nicht gespielt, denn in den Sommermonaten waren fast alle Schauspieler auf Reisen. Außerhalb der Stadt, im Linkeschen Bad, gaben die Zurückgebliebenen ihr Schauspiel. Eine junge Dame, Alexandrine Gebhardt vom Hoftheater in Petersburg gab eine Gastrolle als Christine in „Die Königin von sechzehn Jahren oder Christines Liebe und Entsagung", eine deutsche Bearbeitung eines Vaudevilles von Bayard. Das Theater hatte große Ähnlichkeit mit unserem in Versterbro und lag an der Elbe in einem Wäldchen, wo Zelte standen und Musik erklang. Familien aus

Dresden saßen ringsum in der Natur und genossen Erfrischungen, einige gingen spazieren und andere fuhren in den bunten Gondeln auf der Elbe. [...] Es war ein herrlicher Abend im Freien! Die Musik klang so bedeutungsvoll hinter den grünen Hecken. Ich nahm mir eine Gondel und fuhr auf der Elbe heimwärts. Die Augustusbrücke spiegelte sich im Wasser, und Dresden reckte seine hohen Kuppeln und Türme empor – es waren Schattenbilder auf goldenem Grund. Als sich das Boot weiter vom Wäldchen entfernte, verwehte die Musik im Wind. Unterhalb der Brühlschen Terrassen brannte ein Feuer, und bald darauf stieg ich an Land. Hier oben war ein Gewimmel von Spaziergängern, die Jasminbüsche dufteten kräftig, und in den Booten auf der Elbe sangen ein paar lustige Matrosen die Barkarole aus der „Stummen".

Hans Christian Andersen (1805–1875)

Villa Shatterhand

Drei Aufschriften bezeichnen in Radebeul die Villa, an der Vorderfront, auf der sich das Blau von Glyzinien emporrankt, steht der Name des Hauses „Shatterhand", am Eingangstor zwei kleine Messingschilder, „May" besagt das eine, das andere gestattet Fremden den Besuch nur nach vorangegangener Vereinbarung. Die Diele betont allerwildestes Wildwest, betont Prärie und Indianerdorf. Mit Tigerfellen ist die Wand drapiert und mit dem Kopf eines Elentiers, Tomahawks und Bumerangs kreuzen sich, doppelläufige Gewehre und vierschneidige Tigermesser, Lassos und Zaumzeugs umschlingen Jagdtrophäen, Schirwans, Mokassins und alles übrige, was zur stilgemäßen Ausrüstung eines ruhmreichen Trappers gehört. Noch phantastischer der Salon. Auf Riesenkartons die Originale der Zeichnungen, mit denen Sascha Schneider Mays Bücher illustriert hat. Bric-à-brac aus Wachsstein und Porzellan Chinas, bemalte indianische Holzskulpturen, phönizische Steinstatuetten füllen die Vitrinen, die Zimmerecke schneidet ein geflochtener Wandschirm voll Koransprüche, auf einer Etagere liegen ein rottönernes Kalumet, ein Rosenölfläschchen und ein geschnitzter Tespih, ein Kranz türkischer Gebetkugeln – ausgebreitet wie Corpora delicti auf dem Gerichtstisch.

Zunächst wird man von Frau May begrüßt, die in der Behandlung des Themas Karl May Routine besitzt. Sie führt die Korrespondenz, empfängt die Wallfahrer, erklärt ihnen die Schätze der Villa Shatterhand, erzählt ihnen von May, seinen Reise- und Bücherplänen, und der große Magus braucht sich dann nur für einige Augenblicke zu zeigen, um ohne großen Zeitverlust zu seiner Arbeit zurückkehren zu können. May selbst ist ein untersetzter Herr, soigniert gekleidet, nur der grünschillernde Skarabäus in der Krawatte meldet den Globetrotter. Das silbergraue schüttere Haar liegt fest an und reicht tief in den Nacken; auch der graue Schnurrbart wohlgepflegt. Die Stirne nicht denkerisch gewölbt, aber hoch und frei, wie bei Menschen, die „Geographie des Hirns" besitzen, die klare Anordnung und Bereitschaft reichlicher Gedächtnisgüter.

Egon Erwin Kisch (1885–1948)

Einsames Bild periodisch erlöschenden Lebens

Ich komme eben von einem Spaziergang im Brühlschen Garten in später Dämmerung. Der Himmel war gleichförmig grau, kleinflockigen Schnee trieb der Nordwind über die glatte Terrasse, die Elbe verlor sich aufwärts und abwärts im Nebelgrau, die gewaltige Kuppel der Frauenkirche ragte als dunkler Schatten über die niedrigen Häuser, und die Brücke erschien mir wie ein Trauerband über den schönen Strom gelegt als Zeichen seiner baldigen Erstarrung. Das Eigentümlichste aber war die Vorbereitung zu dieser Erstarrung selbst: es war der Fluß nämlich bedeckt mit tausend und tausend langsam fortreibenden dünnen Eisschollen, gleichsam weißen Inseln, welche im langsamen Bewegen fortwährend zusammenstießen und seltsam aneinanderklirrten. Es war höchst anziehend zu sehen, wie aus dem Nebel die Massen hervorschwammen, näher kamen, mit dem eigenen monotonen Geräusch vorüberzogen und endlich hinter dem dunkeln Bande der Brücke verschwanden. Es war mir, als blickte ich auf den Strom der Zeiten, sähe unzählige Geschlechter aus dunkeln Quellen hervortreten, vorüberrauschen und verschwinden. Ich dachte an vieles dabei! Das Ernste des Schauspiels wurde noch gehoben dadurch, daß alle kleinen Schiffchen und Kähnlein dem erstarrenden Strom ausgewichen waren und er so ganz sich selbst überlassen erschien, ein großes einsames Bild periodisch erlöschenden Lebens.

Carl Gustav Carus (1789–1869)

Fabians Tage in Dresden

Gegen abend ging Fabian in die Altstadt hinüber. Von der Brücke aus sah er die weltberühmten Gebäude wieder, die er, seit er denken konnte, kannte: das ehemalige Schloß, die ehemalige Königliche Oper, die ehemalige Hofkirche, alles war hier wunderbar und ehemalig. Der Mond rollte ganz langsam von der Spitze des Schloßturms zur Spitze des Kirchturms, als gleite er auf einem Draht. Die Terrasse, die sich am Flußufer erstreckte, war mit alten Bäumen und ehrwürdigen Museen bewachsen. Diese Stadt, ihr Leben und ihre Kultur befanden sich im Ruhezustand. Das Panorama glich einem teuren Begräbnis. Auf dem Altmarkt traf er Wenzkat. „Nächsten Freitag ist Klassenzusammenkunft im Ratskeller", erzählte Wenzkat. „Bist du dann noch hier?"

„Ich hoffe", sagte Fabian. „Wenn es irgend geht, erscheine ich." Er wollte rasch weiter, aber der andere lud ihn ein. Seine Frau sei seit vierzehn Tagen im Bad. Sie gingen zu Gaßmeier und tranken Pilsner.

Nach dem dritten Glas wurde Wenzkat politisch. „So geht das nicht weiter", schimpfte er. „Ich bin im Stahlhelm. Das Abzeichen trage ich nicht. Ich kann mich, bei meiner Zivilpraxis, öffentlich nicht festlegen. Doch das ändert nichts an der Sache. Es gilt einen Verzweiflungskampf."

„Zum Kampf kommte es gar nicht erst, wenn ihr anfangt", sagte Fabian. „Es kommt gleich zur Verzweiflung."

„Vielleicht hast du recht", rief Wenzkat und schlug auf die Tischplatte. „Dann gehen wir eben unter, kreuznochmal!"

„Ich weiß nicht, ob das dem ganzen Volk recht ist", wandte Fabian ein. „Wo nehmt ihr die Dreistigkeit her, sechzig Millionen Menschen den Untergang zuzumuten, bloß weil ihr das Ehrgefühl von gekränkten Truthähnen habt und euch gern herumhaut?"

„So war es immer in der Weltgeschichte", sagte Wenzkat entschieden und trank sein Glas leer.

„Und so sieht das auch aus von vorne bis hinten, die Weltgeschichte!" rief Fabian. „Man schämt sich, dergleichen zu lesen, und man sollte sich schämen, den Kindern dergleichen einzutrichtern. Warum muß es immer so gemacht werden, wie es früher gemacht wurde? Wenn das konsequent geschehen wäre, säßen wir heute noch auf den Bäumen."

„Du bist kein Patriot", behauptete Wenzkat.

„Und du bist ein Hornochse", sagte Fabian. „Das ist noch viel bedauerlicher."

Dann tranken sie noch ein Bier und wechselten vorsichtshalber das Thema.

„Ich habe einen glänzenden Einfall", meinte Wenzkat. „Wir gehen ein bißchen ins Bordell." „Gibt es denn so etwas noch? Ich denke sie sind gesetzlich verboten."

„Freilich", sagte Wenzkat. „Verboten sind sie, aber es gibt noch welche. Das eine hat mit dem anderen nichts zu tun. Du wirst dich amüsieren."

„Ich denke gar nicht daran", erklärte Fabian.

„Wir trinken eine Flasche Sekt mit den Mädchen. Das übrige ist fakultativ. […]"

Nun saß Fabian mit der Hauhälterin und zwei nackten Frauen am Tisch, trank Sekt und unterhielt sich. „Ist hier immer so wenig los?" fragte er.

„Neulich, zum Sängerfest, waren wir gut besucht", sagte die Blondine und spielte nachdenklich mit ihren Brustwarzen. „Da hatte ich an einem Tag achtzehn Männer. Aber sonst ist es zum Sterben langweilig."

„Wie im Kloster", meinte die kleine Dunkle verloren und schob sich näher.

„Noch eine Flasche?" fragte die Haushälterin.

„Ich glaube nicht", sagte er. „Ich habe nur ein paar Mark einstecken." […]

Tags darauf war er beim Bäcker und rief von dort aus im Büro von Wenzkat an. Der hatte wenig Zeit. Er mußte aufs Gericht. […]

Er blieb an Geschäften stehen, er sah Kleider, Hüte und Ringe, und er sah doch nichts. An einem Korsettgeschäft kam er wieder zu sich. Das Leben war eine der interessantesten Beschäftigungen, trotz alledem.

Die Barockgebäude der Schloßstraße standen noch immer. Die Erbauer und die ersten Mieter waren lange tot. Ein Glück, daß er nicht umgekehrt war.

Fabian ging über die Brücke.

Plötzlich sah er, daß ein kleiner Junge auf dem steinernen Brückengeländer balancierte.

Fabian beschleunigte seine Schritte. Er rannte.

Da schwankte der Junge, stieß einen gellenden Schrei aus, sank in die Knie, warf die Arme in die Luft und stürzte vom Geländer hinunter in den Fluß.

Ein paar Passanten, die den Schrei gehört hatten, drehten sich um. Fabian beugte sich über das breite Geländer. Er sah den Kopf des Kindes und die Hände, die das Wasser schlugen. Da zog er die Jacke aus und sprang, das Kind zu retten, hinterher. Zwei Straßenbahnen blieben stehen. Die Fahrgäste kletterten aus dem Wagen und beobachteten, was geschah. Am Ufer rannten aufgeregte Leute hin und wieder.

Der kleine Junge schwamm heulend ans Ufer.

Fabian ertrank. Er konnte leider nicht schwimmen.

Erich Kästner (1899–1974)

Bei Tieck in Dresden

Unvergeßlich teuer sind mir besonders die seltenen Abendstunden, die ich in Tiecks engerem Familienkreise verleben durfte.

Der Dichter blieb dann in seinem kleidsamen talarartigen schwarzen Sammetrock und in seinem ganzen Auftreten und Sprechen ungeschmückter, menschlicher, liebenswürdiger, als an den offiziellen Vorleseabenden. Wie heiter gemütlich erzählte er von seiner ärmlichen Kindheit, seiner stürmischen Jugend, seinen bunten Manneserlebnissen und Erfahrungen und seinen liebsten „Komödianten!“

Oft las er uns auch seine reizenden Volksmärchen vor: Blaubart – die Haimonskinder – die Magelone – den blonden Eckbert – – und wie wunderbar märchenhaft süß und zauberisch und dann auch wieder wie erschütternd und grauenerregend verstand er sie zu lesen! Und gern knüpfte er an diese Jugendarbeiten die glücklichsten Erinnerungen: wie ihm gerade diese Märchen die Freundschaft August Wilhelm Schlegels erworben und so beide Dichter späterhin zu gemeinsamer Übersetzung von Shakespeare verbunden hatten.

So sehr er Shakespeare und Goethe verehrte – so wenig liebte er Schiller. Er nannte ihn „einen spanischen Seneca" – oder gar „einen guten Menschen".

Auch mit dem armen Kleist war er in Berührung gekommen. Bei der Verschiedenartigkeit ihrer menschlichen und dichterischen Anlagen konnten sie sich nicht näher treten. Tieck sprach, bei aller Anerkennung von Kleists großem dramatischen Talent, von des unglücklichen Dichters fixen Ideen, die sich so krankhaft steigerten, daß Kleist einst im Ernst versuchte, Adam Müller von der Dresdener Elbbrücke zu stoßen, weil er sich einbildete, dessen Frau wahnsinnig zu lieben und ohne ihren Besitz nicht leben zu können. – Daß Kleist die Katzen haßte, war in des Katzenfreundes Tieck Augen auch eine fixe Idee. Und daß Kleist einst einem Kätzchen zumutete, von eingemachten Ananas zu naschen, um dadurch die Katastrophe herbeizuführen, reizte den Kenner der Katzennatur zu überlegenem Spott.

Rahel, Bettina und andere kokette Blaustrümpfe dienten seiner Satire nicht selten zur Zielscheibe. Er nannte sie „aus dem Paradiese entlaufene Affen" und erzählte dabei gern: wie das schon recht erwachsene „Kind" Bettina auf seiner Sophalehne ritt und in ihrer affektierten Goetheanbetung und in ihrem Frankfurter Dialekt sagte: „Weißt Du, Tieck, von Goethe muß ich um jeden Preis ein Kind haben – das muß ein Halbgott werden!"

Karoline Bauer (1807–1878)

Tagebuch 1813

8. Mai Höchst unruhige Nacht – Kosaken – eine Menge Artillerie zogen eilig durch – um 11 Uhr brannte die Elbbrücke sowie die beiden Schiffbrücken – brennende Kähne kamen den Strom herab – mit einemmal der größte Tumult – Kanonendonner ganz in der Nähe – Franzosen rücken ein – Um 5 Uhr NM. Der Kaiser – Während der ganzen Zeit beständiges Schießen hinüber und herüber – Merkwürdige Augenblicke auf dem Stadtwall – die Russen gesehen, wie sie anlegten und auf die Franzosen, welche sich auf der Brücke zeigten, schossen – Abends spät Morgenroth bei mir – gemütliche Stimmung trotz des Miseres – Nur eine Stunde vor dem Einmarsch der Franzosen ritt der König von Preußen über die Elbbrücke.

E. T. A. Hoffmann (1776–1822)

Hochwasser am 30. Mai 1845

Mit Marie und den Jungen in die Stadt gegangen, um ihnen das hohe Wasser zu zeigen; aber diese Verwüstungen übertrafen meine Vorstellungen weit. Über Nacht war das Wasser um anderthalb Ellen gestiegen, die Bogen der Brücke waren nur noch ganz flach zu sehen. Mit so furchtbarer Gewalt preßte sich der Wogenschwall hindurch, daß zusammengeflößte Baumstämme wie Pfeifenstiele an den Pfeilern zerbrachen. Die niedrig gelegenen Straßen, besonders an der Weißeritz, wurden mit Kähnen befahren, die Fischergasse hinter der Terrasse präsentierte sich wie ein venezianischer Kanal, der Teich am Zwinger trat bis über die Ostraallee und verband sich mit dem Weißeritzwasser. Man war bis 12 Uhr zweifelhaft, ob Theatervorstellung sein werde; in dem Souterrain, selbst im unteren Korridor, zeigte sich Wasser. Ganz Dresden war auf den Beinen, alles strömte hin und wider. Seit 1784 hatte es die Höhe nicht. – Abends das „Urbild der Tartuffe“ vor mäßig besetztem Haus mit großem Beifall.

Die Unruh um die Wassernot litt mich nicht länger zu Hause. Probe und Vorstellung für diesen Tag hatte Lüttichau aufgehoben, der gestern abend von Berlin zurückgekommen. Auf der Terrasse war es gesteckt voll Zuschauer; vor einer Stunde war das Kruzifix auf der Brücke samt dem Pfeiler, auf dem es gestanden, eingestürzt, was einen furchtbaren Eindruck gemacht. Die bigotte Königin hatte es vom Fenster aus gesehen und in ihrem Entsetzen gewiß ein übles Omen für den hartbedrängten Katholizismus darin erblickt. [...] das Wasser war über den Stand von 1784. Nur 10 Bogen der Brücke waren offen und ganz niedrig. Bei der Aufschwemme spülte die Elbe schon auf den Platz, durchs Georgentor in die Schloßgasse bis vor die Tür unseres Büros, Augustusstraße, hinüber zur Wache; Sophienstraße, Italienisches Dörfchen, Zwinger, Taschenberg, alles unter Wasser. [...]

Eduard Devrient (1801–1877)

Die sächsische Flut 2002

Regengüsse, Schlamm in de Häusern
Ein dunkler August
Der Sturz aus allen Kalendern:
Was soll das wern – !

Die Weißeritz im alten Bette
Ein donnernder Zug
Durch den Hauptbahnhof, und die Elbe
Steigt breit die Treppen herauf
Mit ihrem Gefolge
    Unrat auf Unrat!
Die Landschaft der Liebe Schlamm
Auf den Laken.

Und Dresdens feuertrunkene Tote
schwimmen nach oben wassersüchtig
So rasch gommdr ni davon/Im Lehm und Tod ni
ES GIBT EINE ANDERE WELT und so sieht sie aus;
Die albträumende Menschheit

Wir Menschen sind nah am Wasser gebaut
Und verdichten den Boden
Undurchlässigste
Kreaturen

Schlamm auf den Schreibtisch
                    mein Stück

Spielt am Strand. Es ist ein Traumstrand
Nackte Touristen und Flüchtige
Kämpfen um die Strandburg. Oder in Genua
Weil ich nicht weiter weiß, schlafende Polizisten
Tauschen die Rollen
ES GIBT EINE ANDERE WELT
Mit prügelnden Demonstranten.

Drei vier Zeitalter von gleicher Machart
Und die Sintflut ist Grundversorgung
(: ein Fondmanager Fachmann für Verluste)
feststeht, es wird in diesem Jahrhundert rauher zugehn auf dem
Planeten, Niederschläge Trockenheit, Wirbelstürme warten an
den Fronten, Flieger Fliegenschwärme & atlantische Störungen
an den Wassern von Euphrat und Tigris/Die können die Wüste
in die Sandsäcke füllen

Wenn mr ni so erschöpft wär, könnte mr heulen.
Sagte ich Liebe
– – – – diese Zeile, ein Plünderer

An beiden aber unglaublich entfernten
Ufern schweißnasse
Von sonstwoher
Stehen einander bei, als wenn se sich kenntn!

Es gibt, ja doch nein
Mein Herz, Schlamm in den Kammern
  ES GIBT EINE ANDERE WELT.

Das Grab meiner Mutter
Steht unter Wasser
Im Loschwitzer Friedhof: was sollchn da Tränen
Vergießen

Volker Braun (geb. 1939)

Pillnitz

Nach Tische kamm Herr Prof. Schneider auch hin und fuhr mit Herrn Graff und Zingg nach Pillnitz; wir hatten unsre Pferde zu Herrn Zingg führen laßen. Herr Zingg hatte großen Schrecken da er mein Pferd beym Aufsitzen sich bäumen sah, war auch den ganzen Weg über, mit unserm dreisten Reiten nicht sehr zufrieden. Bey Pillnitz fuhren wir mit einer schwimmenden Schiffbrücke über die Elbe. Der Weg dahin ist ganz unvergleichlich, Linker Hand eine beständige Folge von hohen Bergen und Felsen, die mit Gärten, Weinbergen, Kirchen und Lustschlößern bebaut sind. Man kommt durch ein paar schöne Dörfer, ein kleines Gehölz und schöne Saatfelder. Wir ritten durch Pilnitz, besahen einen Theil des Gartens, der groß und schön, aber mehr im Französischen als Englischen Geschmack gebaut ist; die Gebäude des Churfürsten sind nicht schön, sie sind zum Theil alt, zum Theil halb Gothisch halb Chinesisch, es wird jetzt verschiedenes Neues angebaut aber auch mit wenig Geschmack. Wir sahen ferner zwey große Sälle, wovon das emmeublement sich noch von August dem II. herschreibt, eine sehr große Menge junger Dames Portraite, die mehresten sehr schlecht gemahlt, einige von Manjocki [Mànyoki] und einige (u[nd] dieß sind die Besten) von Pesne.

Daniel Chodowiecki (1726–1801)

Die Elbe bei Dresden

In Dresden, da steht ja die Elbe so still
Und die Stadt fließt so träge vorbei
Ich steh' da und seh' da die Raddampfer ziehn
Wie voriges Jahr, den Mai
Wie vorigen Mai, da wohnten wir
Diese Sommernacht unten am Fluß
In den Elbwiesen blieb uns die Puste weg
Beim Kuss zwischen Kuss und Kuss

Das sang uns der Fluß, das war unser Lied:
Es fließt alles – alles fließt
Mein Lieb, mein Lieb, jetzt bin ich allein
Jetzt redet der dumme Fluß mir ein:
Es bleibt alles, wie es ist

In jenem Mai, da schwammen wir schön
Mit der Strömung zur anderen Seit
Dann laufen ein Stück – und schwimmen zurück
Uns war ja der Fluß nicht zu breit
Das Wasser war nicht viel zu tief für uns
Ach und uns war der Dreck scheißegal
Wir ließen uns treiben und trieben das Spiel
Nocheinmal und noch ein mal

Das sang uns der Fluß, das war unser Lied:
Es fließt alles – alles fließt
Mein Lieb, mein Lieb, jetzt bin ich allein
Jetzt redet der dumme Fluß mir ein:
Es bleibt alles, wie es ist

Jetzt liege ich am Ufer und wundere mich
Warum das mit mir grad so ist
Ach damals verriet uns der gute Fluß
Die Wahrheit, daß alles fließt
Da drehte die Erde sich unter uns

Als wir noch verharrten im Kuss
Und weißt du, warum ich dich suchen will?
Weil ich mich ja finden muß

Das sang uns der Fluß, das war unser Lied:
Es fließt alles – alles fließt
Mein Lieb, mein Lieb, jetzt bin ich allein
Jetzt redet der dumme Fluß mir ein:
Es bleibt alles, wie es ist

Wolf Biermann (geb. 1936)

Brief an Huber

Dresden [Loschwitz] d. 13. Sept. 85. Dienstag

Ich schreibe Dir auf meinem Zimmerchen im Weinberg, über mir höre ich unsre lieben Weiberchens herum kramen in häußlichen Geschäften, und mitunter auf dem Klavier klimpern. Wie viel Stimmung gibt mir das zu einer Unterhaltung mit Dir!

Unsre Hieherreise war wirklich sehr angenehm, schade nur, daß der Abend und die Nacht uns beim Eintritt in die schönre Landschaften überfielen. Mit dem andächtigen Schauer eines Wallfahrers grüßte ich die merkwürdigen Pläzchen wider, die sich meinem Herzen unter der neulichen Reise vorzüglich ausgezeichnet hatten, als zum Beispiel die Abschieds Stelle zwischen Stauchiz und Hubertsburg. Als auf einmal, und mir zum erstenmal, die Elbe zwischen 2 Bergen heraustrat, schrie ich laut auf. O mein Liebster Freund, wie intereßant war mir alles! Die Elbe bildet eine romantische Natur um sich her, und eine schwesterliche Ähnlichkiet dieser Gegend mit dem Tummelplatz meiner frühen dichterischen Kindheit macht mir sie dreifach theuer. Meißen, Dresden und seine Gegenden gleichen ganz in die Familie meiner vaterländischen Fluren.

Zwölf Uhr in der Nacht war es als wir über die Brüke fuhren. Ich sah hinter mir in der Neustatt in der Gegend, worinn ich Körners Hauß vermuthete einige Häußer erleuchtet, und mein Herz wollte mich bereden, daß Körners darunter war. Im goldnen Engel traten wir ab, und den andern morgen schikt ich in die Neustatt, mich nach

Körners Aufenthalt zu erkundigen, weil ich vermuthete daß er im Weinberge wäre, und unsern Bedienten kommen zu laßen. Der Bediente brachte mir Grüße von den Weibern, Körner war noch biß 1 im Collegium. Ich ließ mich in einer porteChaise hintragen, weil es ganz entsezlich regnete, und die Freude unsers Wiedersehens – und eines solchen Wiedersehens – war himmlisch.

Körner wohnt äuserst niedlich und bequem. Die Zimmer sind freilich etwas niedrig, aber alles was ihnen abgeht wird durch das schöne ameublement ersezt, und die Aussicht über die Elbe ist über alle Beschreibung schön. [...]

Abends gegen 5 fuhren wir nach dem Weinberge, unterwegs fand ich die himmlischste Gegend. Er ligt eine Stunde von der Stadt, ist beträchtlich, und hat Terrain genug, Körners Erfindungsgeist zu allerlei Ideen zu verführen. Am Fuße des Berges ligt das Wohnhauß, welches weit geräumiger ist als das Endnerische zu Golis. Am Hauß ist ein niedlicher kleiner Garten, und oben auf der Höhe des Weinbergs steht noch ein artiges Gartenhäußgen. Die Aussicht von diesem und der Untergang der Sonne soll ganz zum Entzüken seyn. Alles hier herum wimmelt von Weinbergen, Landhäußchen und Gärten.

Friedrich Schiller (1759–1805)

Sonnenuntergang und Elbe

Die Sonne brandverzückt glitt schräg in einen Wolkenrachen
Der seine goldgezackten Zähne bleckte
Und einen Blutsturz in den Tag erbrach,
Der, weil die süße Abendqual ihn leckte,
Das Sterben eine Weile noch verträumte,
Bis daß die Nacht mit schwarzen Scharen räumte –

Doch ließ das Spiel man noch gewähren,
Da mit Gebärden die die Nacht schön ehren
Der rote Ball sich in die Grüfte goß,
Nur gelber Atem noch die Wolkenschwären
Durchstrahlend in die Lüfte schoß –

Ach daß die Wolken still das Spiel gewähren ließen!
Denn in der Höhe wandert schon die Dichte
Und wirft die lange Regendrohung wie ein Zeichen
Nach dem stillen glutvergess'nen Lichte –

Doch noch ein Spiel begab sich in die Nacht:
Ein breiter schwarzer Spiegel – Fluß errötete im Reigen
Von Zitterschlangen Ringeln Goldgelöck
Und nannte sich in namenlosem Schweigen:
  Das Echo von dem fernen Fest.

Hellmuth Pattenhausen (1896–1979)

VON MEISSEN BIS WITTENBERG: ZWISCHEN SCHLACHTFELDERN UND KULTURLANDSCHAFTEN

Von Dresden nach Meißen

Wir ritten anfangs Längs der Elbe, zur rechten hatten wir hohe Berge, die mehresten mit Weinbergen, Bäumen, Gärten, Landhäusern, Winzerhäusern und dergleichen bebaut, mit unter finden sich auch kahle Felsenstücke welches die schönsten abwechßlungen macht. Linker Hand fließt die Elbe und ist auf ihrer Linke Seite ebenfals mit Bergen und Felsen Begleitet; nachher hören die Berge rechter Hand auf und die Gegend verwandelt sich auf dieser Seite in ein schönes Thal, welches mit Dörfern, Waldungen und entfernten Bergen geschmückt ist und mit der Elbe und denen linker Hand sie begleitenden Bergen und alten Schlößern und andern Gebäuden die schönste Landschaft macht. Näher gegen Meißen zu, fangen die Felsen u[nd] Berge rechter Hand wieder an, und sind noch wilder und höher gewachßen als vorher, sind aber auch mit Weinstöcken und Winzer-Häusern besetzt wie vorher. Hier wird der Weg (welcher durchaus einer der schönsten Chausséen ist) immer enger, bis man endlich durch eine schmale Durchsicht Meißen ansichtig wird. Man passirt über die Bedeckte Brücke, die halb von Hangelwerck halb von Steinen gebaut ist. Wir kehrten im Hirsch ein, frühstückten und gingen auf die Porzelainfabrick. Ein Churfürstl. Portier führte uns zu einem Bucklichtem Mann, der uns das Wahrenlager wieß, wo sich eben nichts auszeichnete als einige Taßen mit Landschaften, von [lies: zum] Theil mit einer gelbbraunen warmen Farbe, die einen schönen Glanz hatt, gemahlt.

Von Figuren ist nichts sehr gefälliges, der Geschmack in Modernen Kleidungen ist noch sehr altmodisch. In einigen Schäfergruppen fanden wir gesichtchen sehr zärtlichen Ausdrucks, Ich kaufte ein paar PfeiffenKöpfe à 16 gr. das Stück.

Daniel Chodowiecki (1726–1801)

Mit dem Raddampfer ab Meißen

Ich aber nehme das Schiff. Noch jede Stadt hat jedem,
der aufrecht an der Reling stand, respektvoll entgegengeblickt.

In Meißen zugestiegen. Meißen, das selbst einmal Dresden werden wollte. Und mit Burg und Dom, hoch über Fluß und Stadt, schon ein angemessener Auftakt für eine Fahrt nach Dresden ist. Und wirklich, kaum hat das Schiff abgelegt, geben hoch oben die Türme Signal. Worauf der Steuermann die Dampfpfeife zieht; ein schrilles Antwortgeorgel, und Spritzer fliegen übers Deck, dem Verfasser ins Gesicht. Da rechts und links die Wiesen flußab ziehen. Die flachen Berge aber eher mit dem Schiff mitwandern, bevor sie plötzlich auch zurückbleiben und andere Berge mitgehen; ein sacht hingleitendes Gegen- und Miteinander, das schon recht dresdnerisch ist. Und das Schaufelrad schlägt gleichmäßig klackernd das tiefbraune Wasser und sortiert unter dem Schaufelradkasten die weißliche Gischt hervor.

Unter den Leuten an Bord etliche ältere Leute, die dem hier noch neuartigen Beruf des Vorruheständlers nachgehen und mitgebrachte Schnitten essen. Zwei Männer, die mit roten Köpfen die Sitte des Biertrinkens aufrechterhalten. Und leise vom Ostfußball reden, ein Untergangsgemunkel. Viele Leute aus Köln usw., allerdings eher zurückhaltend und still, eben Leute, die mit dem Dampfschiff mitfahren. Gleichwohl sofort erkennbar, daß sie von drüben sind. Für das Dampfschiff also praktisch, kniebundhosen- und windjackenhaft. Was vor allem den Männern etwas Erforscherisches gibt. Ist ja auch eine Leistung, den Osten persönlich erkunden zu wollen.

Auf dem Mitteldeck Berliner, die kluge Bemerkungen machen. [...]

Thomas Rosenlöcher (geb. 1947)

Von Meißen bis Dresden

Als wir in die Nähe von Meißen kamen, wurde die Landschaft romantischer. Berge erhoben sich jetzt, und sie hatten einen ganz anderen Charakter als jene im Harz. Ihre rotgelben Steinmassen, mit jungen Buchen bewachsen, hingen uns über den Kopf; jenseits des Weges waren die grünen Weinberge mit rotgedeckten Häusern, und in der Tiefe schlängelte sich die Elbe in malerischen Windungen. Schiffe wurden von Menschen und Pferden flußauf gezogen, während andere mit schwellenden Segeln flußabwärts eilten.

Meißen selbst hat enge Straßen und wirkte auf mich sehr ungemütlich; es geht einem dabei wie mit jedem guten Gemälde: man darf es nicht aus der Nähe sehen, sondern muß das Ganze auf Abstand betrachten.

Der Dom ist ein herrlicher gotischer Bau, die Sonne schien in die hohen Fenster, und ein Vöglein, das hineingeraten war, flatterte dort und schlug mit den Flügeln, um wieder hinauszugelangen. Es war meine eigene Kindheitswelt, was ich da sah! Auch die Kindheit ist so eine herrliche, große gotische Kirche, wo die Sonne schön durch die bunten Fenster scheint, wo jeder dunkle Winkel ein mächtiges Gefühl erweckt und wo das einfachste Bild durch seine Beleuchtung und seine Geschichte eine viel tiefere Bedeutung erhält. Da zeigt sich das Alltagsleben in seinen Sonntagskleidern, Gott und die Welt sind sich viel näher, und doch flattert das Herz, wie hier das Vöglein in der Kirche, der neuen Zukunft draußen entgegen, wo vielleicht hinter dem Busch ein Jäger wartet, um ihm eine Ladung Schrot durch die Flügel zu schießen. [...]

Die Straße von Meißen nach Dresden ist mit Akazien und Birnbäumen bepflanzt, auf den Feldern wachsen Kohl und Kartoffeln, das ist ein ganzer Küchengarten. Freundliche Berghänge mit Weinranken und Laubwäldern sind zu beiden Seiten, und Meißen selbst, das mit seinem Schloß und seiner gotischen Kirche auf der Anhöhe liegt, stellt im Hintergrund den herrlichsten Punkt des ganzen Bildes dar. Unterhalb der Stadt führt eine gemauerte Brücke über die Elbe, und die Leute fahren und gehen dort, ohne an jenes Leben, das sie gerade dadurch dem Ganzen verleihen, zu denken oder sich gar etwas zugute darauf zu halten.

Je weiter man sich von dort entfernt, um so höher werden die Berge, und bald sieht man wie durch einen bläulichen Schimmer das deutsche Florenz, Dresden, mit seinen hohen Türmen und Kuppeln vor sich liegen.

Hans Christian Andersen (1805–1875)

Die Gelbe

Warum ist denn die Elbe
bei Dresden so gelbe?
Se schämt sich ze Schande,
Sie muß aus'm Lande,
aus'm Lande so scheene,
so niedlich und kleene;
denn gleich hinter Meißen,
pfui Spinne, kommt Preißen!

Anonym

Schlacht bei Torgau

Zieten hatte nämlich, nachdem er jenen ersten Posten der Österreicher geworfen, bis gegen Abend, der Anordnung des Königs gemäß, untätig dem Feinde gegenübergestanden. Erst als er die Überzeugung erhielt, daß Friedrichs Unternehmen abgeschlagen sei, entschloß er sich zum Angriff. Vor ihm lag ein Dorf, welches von Feinden besetzt war; er griff es an, die Feinde wurden hinausgeschlagen, aber sie steckten das Dorf in Brand, um die Verfolgung zu verhindern. Der Feuerschein jedoch wurde die Leuchte, die sein weiteres Beginnen bei der einbrechenden Nacht begünstigte. Er entdeckte, daß die österreichische Armee auf den Höhen sich nach der Mitte zu zusammengezogen habe und daß die Seite unbesetzt sei. Nun drang er hier mit seinen rüstigen Scharen empor und setzte sich den Feinden gegenüber auf dem Berge fest. Ein hartnäckiger Kampf entspann sich, ohne zu einer baldigen Entscheidung zu führen. Indes hatten einige der Regimenter, welche von Friedrichs Seite bereits an dem früheren Kampfe teilgenommen, die Eneuerung des Gefechtes bemerkt. Sie eilten, zur Entscheidung beizutragen; der Feuerschein diente auch ihnen zur Leuchte, während sie, in der Tiefe, ungesehen herannahen konnten. Sie fielen den Reihen der Österreicher in die Seite, und schnell war das Geschick des Tages entschieden. Die Österreicher zogen sich von dem Schlachtfelde, das sie bereits als ein Siegesfeld betrachtet hatten, zurück. Daun war schon vorher verwundet worden und hatte sich nach Torgau bringen lassen; jetzt gab er den Befehl, daß noch in derselben Nacht seine Armee sich auf das andre Ufer der Elbe begeben und Torgau verlassen solle.

Die Nacht war wild und unruhig. Von beiden Armeen war eine bedeutende Menge der Truppen versprengt, die nun, ohne Kenntnis von dem Ausgange der Schlacht, truppweise umherritten und sich zu den Ihrigen zurückzufinden suchten. Der Brand des brennenden Dorfes war erloschen, die Feuer, welche in großer Anzahl, zum Schutz gegen die Kälte der Nacht, angezündet waren, dienten nur dazu, die Suchenden irrezuführen. Die Österreicher richteten ihre Schritte nach dem Rauschen des Elbstromes, doch fielen ganze Bataillone von ihnen in die Hände der Preußen. Preußische Trupps trafen aufeinander; unvermögend, sich zu erkennen, beschossen sie sich gegenseitig. An den Feuern lagen häufig Gesunde und Verwundete von beiden Heeren nebeneinander: des Mordens müde, hatten sie das Übereinkommen getroffen, daß derjenige Teil von ihnen am nächsten Morgen als gefangen betrachtet werden sollte, dessen Armee gesiegt hätte. Zugleich aber schwärmten wilde Rotten auf dem Leichenfelde umher und beraubten die Toten und die Verwundeten. Endlich brach der Morgen an. Friedrich erschien auf der blutigen Walstatt, für die Pflege der Verwundeten zu sorgen; allgemein war die Freude, ihn, von dessen Verwundung man gehört, gesund wiederzusehen. Ein Grenadier, schon mit dem Tode ringend, rief freudig aus: Nun will ich gern sterben, da ich weiß, daß wir gesiegt haben und daß der König lebt! Als Friedrich und Zieten einander begegneten, fielen sie sich tiefbewegt in die Arme; Friedrich weinte laut und war unvermögend, dem treuen Diener seinen Dank auszusprechen.

Franz Kugler (1808–1858), Adolph von Menzel (1815–1905)

25. April 1945: Handshake über der Elbe

Das Feuer wurde ganz eingestellt. Eine kleine Gruppe russischer Soldaten lief zum Flußufer hinunter. Wir verließen den Turm, rannten über den Hof und rasten zum Fluß. Nahe dem Schloß hatte eine Brücke gestanden. Sie war gesprengt worden, vermutlich von der zurückflutenden deutschen Armee. Ihre Träger waren verbogen und verdreht, nur einer ragte über die Wasseroberfläche hinaus. Auf unserer Seite der Elbe sah ich keine Boote.

Ich bewegte mich auf die Brücke zu, doch der befreite russische Kriegsgefangene erreichte sie als erster. Er schwang sich auf den Träger und begann voranzukriechen. Von der anderen Seite näherte sich ein russischer Soldat über denselben Träger. Ich kroch dem russischen Kriegsgefangenen nach. Gleich hinter mir folgten Fähnrich Peck und Frank Huff. Der Rest der Patrouille blieb beim Jeep. Paul fotografierte uns.

Der Gefangene erreichte den Soldaten und turnte an ihm vorbei, während sich sein Landsmann weiter auf uns zubewegte. Ungefähr über der Elbmitte glitten der russiche Soldat und ich jeder auf seiner Seite eines riesigen „V" hinunter, das durch den verbogenen Träger gebildet wurde. Die Symbolik des Vorgangs lag darin, daß „V" das Zeichen für „Victory" war. Aber in diesem Augenblick dachten wir nicht daran.

Der Russe war Sergeant Nikolai Andrejew. Wir reichten uns die Hände und klopften uns gegenseitig vorsichtig auf die Schultern, wobei wir achtgaben, nicht in den schnellfließenden Strom zu fallen. Es war 16:00 Uhr.

Der Russe kroch weiter auf das Westufer zu, während wir unseren Weg auf dem Träger nach Osten fortsetzten, an dessen Ende wir von Soldaten mit begeisterten Rufen empfangen wurden. Immer mehr Soldaten liefen zusammen.

Um 16:45 Uhr standen wir drei Amerikaner mit den Russen am Ufer, lachten und schrien, klopften uns gegenseitig auf den Rücken und schüttelten viele Hände. Frank, George und ich schrien auf englisch, unsere Gastgeber auf russisch. Keiner verstand den anderen, aber das Gefühl der Gemeinsamkeit war unmissverständlich. Wir alle waren Soldaten, Kameraden in Waffen. Wir hatten einen gemeinsamen Feind besiegt. Der Krieg war vorbei, der Frieden nahe. Wir alle würden die nächste Stunde, den nächsten Tag erleben.

William D. Robertson (1924–2009)

Hamlet geht nicht nach Wittenberg

KÖNIG: [...] Was Eure Rückkehr
Zur hohen Schul' in Wittenberg betrifft,
So widerspricht sie hochlich unserm Wunsch,
Und wir ersuchen Euch, beliebt zu bleiben,
Hier in dem milden Scheine unsers Aug's
Als unser erster Hofmann, Vetter, Sohn.

KÖNIGIN: Laß deine Mutter fehl nicht bitten, Hamlet:
Ich bitte, bleib' bei uns, geh nicht nach Wittenberg!

HAMLET: Ich will Euch gehorchen, gnäd'ge Frau.

KÖNIG: Wohl, das ist eine liebe, schöne Antwort.
Seid wie wir selbst in Dänemark! – Kommt, Gemahlin!
Dies will'ge, freundliche Nachgeben Hamlets
Sitzt lächelnd um mein Herz; und dem zu Ehren
Soll das Geschütz heut jeden frohen Trunk,
Den Dänemark ausbringt, an die Wolken tragen,
Und wenn der König anklingt, soll der Himmel
Nachdröhnen ird'schem Donner. – Kommt mit mir!

William Shakespeare (1564–1616)

Hamlet in Wittenberg

Im Wirtshaus Zum Pilgerstab, einsam an der Landstraße gelegen. [...]

HAMLET
Wie weit ist es von hier bis Wittenberg?

PENNEBOS
Nicht weiter als von dort in die Hölle.

[...]

Wohnraum in Hamlets Quartier zu Wittenberg. [...]

HORATIO
Ist er im Haus?

FELIX
Nein.

HORATIO
Ist er im Kolleg?

FELIX
Seit Wochen hat Prinz Hamlet keins besucht.

HORATIO
So weißt du auch wohl jetzt kaum, wo er ist?

FELIX
Du sagst es: Nein. – Er wandert viel und oft
stromab die Elbe meilenweit ins Land
am rechten Ufer. Leute sagen mir
hinwiederum, er nehme oft den Weg
zum Hochgericht, wo er mit Geistern rede.

Gerhart Hauptmann (1862–1946)

Im keuschen Elbathen

Unter allem Frauen=Zimmer
In dem keuschen Elb=Athen [Wittenberg]
Wird des Nachts bey Sternen=Schimmer
Keine nicht gassaten gehen,
Als die geile Begerine,
Die Studenten=Violine

Wenn diß Nacht=Licht nun erscheinet,
Stellt sich bald die Licht=Putz ein,
Die das Licht zu putzen meynet,
Ob es gleich von Fleisch und Bein;
U nd da hält die arme Nille,
Wie ein Lamm, gedultig stille.

Fügt sich nun ihr Liebes=Glücke;
Fragt sie nicht: Wer? Wie? und Wo?
Sie ist zwar vom Mittel=Stücke
Weit beschrien: doch ists nicht so.
Ihre Jungfernschafft ist enge,
In die Queer und in die Länge.
[...]

Nun ich stehe vor der Thüre;
Laß mich Lumpen=Bettler ein!
Denn es warten ihrer viere,
Neben mir, in heisser Pein.
Wirst du uns nicht Kühlung gönnen,
Müssen wir vor Glut verbrennen.

Sprich ein Wörtgen der Genaden!
Oeffne aus Barmherzigkeit
Den verschloßnen Fenster=Laden!
Höre, wie die Ente schreyt,
Laß mich in dein Zimmer steigen!
Ich will auch dein Leib=Stück geigen.

Le Pansiv, Pseudonym eines unbekannten Barockdichters (1700)

Bitte an Kurfürst Johann Friedrich

Wittenberg, 9. April 1539
Es ist hierzulande eine plötzliche Teuerung und ein unvorhergesehener Hunger eingefallen, dass wir gezwungen werden, E. C. F. G. [Eure Curfürstlichen Gnaden] als Herrn und Vater des Landes um Hilfe und Rat anzurufen. Was für Vorrat hier in Wittenberg ist, wissen E. C. F. G. ohne Zweifel zu berechnen. Jetzt muss Wittenberg die Städtlein Kemberg und Schmiedeberg mit gebackenem Brot speisen, da der Rat mir sagt, es gehe mehr Brot hinaus aufs Land, als hier in der Stadt verspeist wird. Dennoch meinen etliche, dass solche Teuerung nicht so ganz aus dem Mangel als vielmehr aus dem Geiz und der Bosheit der reichen Junker komme. Und es ist des Redens mancherlei und seltsam, wozu ich nichts sagen kann. Wohl sagt man, dass einer verkündet hat, er wolle kein Körnlein verkaufen, bis ein Scheffel ein alt Schock [Groschen] oder einen Gulden gelte. Außerdem soll das Korn aus dem Land geschafft und weggeführt worden sein. Jedoch tut die Elbe auch viel dazu, dass man nicht mahlen noch backen kann, weil die Schlossmühle vor Wasser stillstehen muss. Es ist eine kleine Anfechtung, die doch groß werden wird, wenn E. C. F. G. hier nicht Hilfe und Rat schafft. Darum bitten wir alle, E. C. F. G. wollen sich gnädig erzeigen, nicht allein mit gegenwärtiger Hilfe zur Not, sondern auch mit Regiment, dass die vom Adel nicht das Korn hinfort allein für sich kaufen und wegführen und damit so unverschämt wuchern, zum Verderb von E. C. F. G. Land und Leuten. Sie sind doch ohnehin reich genug, so dass es nicht nötig ist, armer Leute Leben um ihres Geizes willen durch Hunger zu nehmen. E. C. F. G. werden wohl weiter und fürstlich hier zu raten wissen. Hiermit dem lieben Herrn Christus befohlen. Amen.

Martin Luther (1483–1546)

Der alte Dessauer

Mit dem überaus glücklichen Feldzuge Preußens gegen die Schweden, dem nach dem Tode König Karls XII. (11. Dez. 1718) ein dauernder Friede folgte, schloß vor der Hand die kriegerische Laufbahn unseres Helden. Zunächst war es nun wieder sein Regiment, das ihn unablässig beschäftigte, und das seit 1718, ihm recht bequem, nach Halle an der Saale verlegt wurde. Dann war er als Gouverneur der Stadt und Festung Magdeburg vielseitig in Anspruch genommen und war rastlos bemüht, den Ort nicht nur noch mehr zu befestigen, sondern auch zu verschönern, wofür noch heute viele Anlagen, wie der Fürstenwall, und Bauten ein sprechendes Zeugnis ablegen.

Auch war es sein Erbland, Anhalt=Dessau, das ihm von jeher warm am Herzen lag, und durch dessen Hebung, Pflege und Wohlfahrt er sich ein glänzendes Andenken gestiftet hat. Er gründete Flecken und Dörfer, wandelte öde Strecken des Landes in fruchtbare Saatäcker um, trocknete Sümpfe und Moräste aus, schützte durch künstliche Wälle und Dämme das Land vor den Fluten der Elbe und Mulde, baute Kirchen und Schulen und erließ viele weise Gesetze und Verordnungen. Unter so unermüdlicher Thätigkeit vermehrten sich seine Einkünfte. Im Jahre 1701 hatte er bei 300 000 Thaler Schulden nur 24 000 Thaler Jahreseinkommen gehabt; zwei Jahrzehnte später betrugen seine Einkünfte über 200 000 Thaler.

Seinen Privatbesitz zu vergrößern, kaufte er sämtliche adelige Besitzungen des Landes an sich, aber nicht, um mit dem Überschuß zu geizen, sondern ihn wieder im größten Maßstabe dem Lande zugute kommen zu lassen. Die Härte, mit der er zuweilen verfuhr, erhielt ihren Ausgleich in dem Segen, der von seiner Verwaltung ausging. Auch die Vergrößerung und Verschönerung seiner Residenz hatte Leopold im Auge; durch ihn gewann die winzige und unansehnliche Stadt Dessau bald ein so freundliches und gefälliges Ansehen, daß sie wenige Jahre darauf von Geschichtsschreibern schon eine „feine Stadt" genannt wurde.

Ludwig Würdig (1818–1889)

Gestaltungsgeist des Bauhauses in Dessau

Aber der neue Gestaltunggeist, der sich langsam zu entwickeln beginnt, geht wieder auf den Grund der Dinge: um ein Ding so zu gestalten, daß es richtig funktioniert, ein Möbel, ein Haus, wird sein Wesen zuerst erforscht. Die Wesensforschung eines Bauwerks ist ebenso an die Grenzen der Mechanik, Statik, Optik und Akustik gebunden, wie an die Gesetze der Proportionen. Die Proportion ist eine Angelegenheit der geistigen Welt, Stoff und Konstruktion erscheinen als ihre Träger, mit Hilfe deren sie den Geist ihres Meisters manifestiert; sie ist gebunden an die Funktion des Baues, sagt über sein Wesen aus und gibt ihm erst die Spannung, das eigene geistige Leben über seinen Nützlichkeitswert hinaus. [...] Die knappe Ausnutzung von Zeit, Raum, Stoff und Geld in Industrie und Wirtschaft bestimmt entscheidend die Faktoren der Gesichtsbildung für alle modernen Bauorganismen: Exakt geprägte Form, Einfachheit im Vielfachen, Gliederung aller Baueinheiten nach den Funktionen der Baukörper, der Straßen und Verkehrsmitel, Beschränkung auf typische Grundformen und ihre Reihung und Wiederholung. Ein neuer Wille wird spürbar, die Bauten unserer Umwelt aus innerem Gesetz zu gestalten ohne Lügen und Verspieltheiten, ihren Sinn und Zweck aus ihnen selbst heraus durch die Spannung ihrer Baumassen zueinander funktionell zu verdeutlichen und alles Entbehrliche abzustoßen, das ihre absolute Gestalt verschleiert.

Walter Gropius (1883–1969)

Von Dessau nach Wörlitz

Mein Waggon war dicht besetzt, die Fremden führten belehrende Gespräche über Gasthofpreise, die Dessauer, die nur bis Oranienbaum mitfuhren, schwelgten im Vorgenuß der dortigen Tanzplatzfreuden. Es ist nützlich zu erfahren, wo das Frühstück 80 Pfennig kostet und wo mehr, und die Mitteilung eines Dessauer Jünglings, daß in Oranienbaum „selbst Kanzleiratstöchter" tanzen, war mir menschlich erfreulich, denn ich sehe es ungern, wenn die Spitzen der Gesellschaft einsam auf ihrer steilen Höhe bleiben, aber auf die Dauer sah ich mir doch lieber die Landschaft an. Man kann dies hier gründlich tun, denn die Dessau-Wörlitzer Eisenbahn humpelt recht behaglich dahin. Nur hat man nicht viel davon; eine Gegend, wie sie zu Dessau paßt, ein bißchen langweilig, aber fruchtbar, wenig Blumen, viel Rettich und Petersilie, zudem überall – Zeichen eines tiefen Niveaus: viel Wasser, Bruch, auch etwas Forst und Heide. So schleicht das Züglein von der Mulde gegen Osten, also südlich der Elbe, aber in respektvoller Entfernung von dem zuweilen ungemütlichen Strome dahin, bis Oranienbaum erreicht ist, das Schlößchen, das sich Henriette Katharina, die Mutter des Alten Dessauers, eine Oranierin, erbaut und mit Portraits ihrer Familie geschmückt hat; daneben mögen sie auch Wiese und Wasser, die vielen Windmühlen und das Fehlen jedweden störenden Hügelchens, selbst jeder Erdwelle, wie sie die Mark durchstreichen, an ihr geliebtes Niederland erinnert haben; einen ähnlichen Sommersitz schuf sich ihre Schwester Luise Henriette, die Gemahlin des Großen Kurfürsten, in Oranienburg bei Berlin. „Das Schloß ist zugänglich“, sagte mir der junge Dessauer mit den hohen Tanzkonnexionen, „Fremde gehen oft hin.“ – „Nicht auch Einheimische?“ fragte ich, worauf der ehrliche Jüngling: „Aber wozu denn? Nach Oranienbaum geht man zur Kirchweihe, da ist es lustig, aber auch sehr fein!“ [...] So fuhr ich weiter nach Wörlitz; die kleine Bahn biegt nun nach Norden, durch Heide und Ackerland, an Hütten vorbei, die fast so dürftig sind wie die Landschaft. Daß man nur Minuten von einem der schönsten Gärten der Welt entfernt ist, kann niemand ahnen. [...]

Wir waren während dieser Gespräche vom richtigen Weg zum Park abgekommen und plötzlich mitten in der „Stadt“ Wörlitz. Diese Gänsefüßchen haben ihre Berechtigung ... Ich habe bei meinen Streifereien durch die Mark und Mitteldeutschland manches armselige Ackerstädtchen gesehen und gerochen, ein solches nur selten. Und dieses häßliche, schmutzige Städtchen liegt wenige Minuten vom herzoglichen Schloß zu Wörlitz und ist auf drei Seiten vom herrlichen Park umschlossen! „Da haben Sie“, wetterte der Gelehrte, „die ganze innere Verlogenheit jener Zeit! O du verdammtes Aufkläricht, was war dir die Natur und was selbst die Humanität, mit der du dir die Pausbacken schminkest! Der lieben Eitelkeit wegen der Natur Daumenschrauben anzulegen und Theaterkulissen aus lebenden Bäumen und Blumen zu schaffen, dazu waren diesem gelobhudelten Herzog Franz Millionen nicht zu viel, aber weitere hunderttausend Taler den armen Leuten als Beisteuer zu gewähren, damit die das Nest zum Villenstädtchen umgestalten, fiel dem Mäzen gar nicht bei. Hierher wurden eben die Goethe und Lavater, die Humboldt und Pückler-Muskau nicht geführt!" [...] So gingen wir denn zum „Grünen Baum", wo er sich sättigte. Aber obwohl er auch dies, wie alles, rasch und energisch tat, schlug es doch vier Uhr, als wir endlich am Ufer des Sees standen, der die Gärten durchzieht, vor dem Haus des Gondoliers, wo jetzt eine rüstige Frau, die dem Schöpfer dieser Anlagen, dem Herzog Franz, wie aus dem Gesichte geschnitten ist, einer Schar von Kähnen und Schifferinnen gebietet. Ich verzeichne diese Ähnlichkeit, die sich mir, der ich vormittags in Dessau einige Bilder des Herzogs gesehen hatte, aufdrängen mußte, aber – „honni soit qui mal y pense", und das meine ich ernst. Die Tatsache, daß in kleinen Residenzen, in der Umgebung von Lustschlössern usw. jeder zwanzigste Mensch dem Landesherren ähnlich sieht, mag ja auch – es wäre albern, dies zu leugnen – den Sittenschilderer angehen; die meisten Fälle aber gehen den Physiologen an, der auch die Antwort nicht schuldig bleibt [...] .

Karl Emil Franzos (1848–1904)

Wörlitzer Gartenlandschaft

Endlich setzten wir uns zu Pferde und ritten auf einer schönen Chaussée nach Wörlitz[,] traten in einem sehr Eleganten Gasthause ab, und besuchten das Schloß. Es war schon 5 Uhr, man prophezeite uns wir würden zu späth kommen weil man es nur von 10 bis 12 u[nd] von 2 bis 4 zeigte. Die Frau Kastelanin wolte uns nicht annehmen ließ sich aber doch erbitten, und fing mit dem Belvedere oben auf der Platteforme an, von wo wir sehr weit sehen konten; nachher gingen wir in die Zimmer der Kammerfrauen, die mit unbedeutenden gemahlten Tapeten, Bald Chineschen, Bald Arabehrischen Inhalts verziert sind, in einigen sind auch Kupferstiche von

Italienischen Meistern aufgeklebt. […] In dem Zimmer des Fürsten sind große Englische Kupferstiche mehrentheils in sch[w]arzer Kunst, und Gemählde reuzender Frauenzimmer, auch eine liegende Venus in Öhl gemahlt von einem guten italienischen Meister. […] Ein anderer Saal enthält Portraite, neue und alte. Der Fürst, ganze Figur, in einem rothen sehr langen Kleide mit ungepuderten Haren, und ganz englischen Costum, nach der Mode zu urtheilen kann es schon vor 18 oder 20 Jahren gemahlt sein, es soll in Italien gemahlt sein, ich halt es für Libzewski's Arbeit. […]

Wir sahen auch das Badt welches mit weißen Fliesen ausgelegt ist und stehen ein Paar Mamor Büsten darinn. Dieses Schloß ist so angegeben daß es viele bequemlichkeiten darbiethet wovon, wenn man in die Zimmer kommt, man gar nichts merkt; […]

Der Garten ist schön, sehr natürlich mit Waßer unterbrochen, man findet hin und wieder Statuen und Wasen darinn, so auch das Tombeau des Rousseau nach dem zu Ermenonville kopirt, es steht auf einer Erdzunge im Waßer nur sind nicht genug Paplen dabey.

Wir ritten um 6 Uhr von hier weg durch eine alée die gerade auf die Elbe zuführt, die aber wegen des Regens und des niedrigen Bodens sehr unwegsam war, wir kammen denoch ziemlich geschwinde dahin mußten aber lange auf die Fähre warten weil niemand da war uns herüber zuholen, und wir jemand mit einem Kahn herüberschicken mußten um die leute aus der Stadt zu holen. Endlich kammen wir doch herüber ritten an Koswich [Coswig] vorbey und kammen um 12 Uhr in der Nacht nachdem wir in verschieden[en] Dörfern hatten bleiben wollen aber vergebens um Herberge angesucht hatten in Postdorf [Boßdorf bei Wittenberg] an, wo wir die Nacht blieben und des Morgens den 28. wieder abritten.

Daniel Chodowiecki (1726–1801)

In den Wörlitzer Gärten

An der Stelle, wo die Coswiger Chaussee den Elbdeich durchschneidet, stieg ich aus, um den Deich, die Nordgrenze des Parks, zu begehen. Der mit schattigen Bäumen bepflanzte, mit allerlei hübschen oder doch amüsanten Bauten geschmückte Deich ist an sich ein angenehmer Spazierweg, aber das Beste daran ist die Galerie schöner, abwechselnd weiter und begrenzter und immer malerischer Bilder, die er bietet. Dies gilt von der Park-, also bei meinem Gang der rechten Seite; zur Linken sieht man freilich nur die sumpfigen Elbauen mit den „Schönheitspflästerchen", aber darüber hinaus die dunklen Forste am linken Stromufer. Zur Rechten jedoch – da hat man wirklich immer, immer, bei jedem Schritt und Blick seine Freude: hier eine heitere, dort eine düstere, dort wieder eine mild-ernste Landschaft, oder hier einen kleinen See, dort nur ein gewundener Kanal, und zwischendurch immer der ganze Park und See, an einzelnen Punkten darüber hinaus ein weites Stück Ebene mit ihren Wäldern, Heiden und Dörfern bis Oranienbaum hin. Überflüssig zu sagen, daß all diese Bilder und Bildchen Erzeugnisse der Kunst sind, und welcher fleißigen, mit unsäglicher Geduld und Hingebung geübten, mit Wissen und Erfahrung gepaarten Kunst! [...]

Mit dem Gartenkünstler verglichen hat's jeder andere leicht; zwar nicht er allein gestaltet seine Werke aus lebendem Material, das zunächst des Gesetzen seiner eigenen Triebkraft folgen muß, das trifft auch vom Theaterregisseur zu – aber er allein kann nicht bloß während des Schaffens, sondern lange Jahre, nachdem er geschaffen, nur kraft seiner Phantasie, seines Wissens ahnen, wie sein Werk aussehen wird; zunächst sind ja die Bäume nur Setzlinge. [...] Dazu zwei Besonderheiten von Wörlitz. Erstlich die starke Verwendung fremder, bis dahin in Europa oder doch auf dem Kontinent nicht kultivierter Baumarten (zum Beispiel von 117 Spezies Nadelhölzern etwa zwei Drittel fremde!); dies sichert den Gärten ihren breiten Platz in der Geschichte der Botanik, ihre ungemeine wirtschaftliche Bedeutung für die Entwicklung des Gartenbaus in Deutschland, aber auch die malerische Wirkung dieser Bilder, namentlich die überaus feine Nuancierung der Farben in Laub und Nadel, wird hauptsächlich dadurch bewirkt – und der Herzog konnte dies Material, als er es verwandelte, nur aus Abbildungen kennen! Ferner aber: jeder Gartenkünstler, der über kupiertes Terrain verfügt oder sich ein solches künstlich schafft, strebt der doppelten Aufgabe nach, die einzelnen Teile an sich schön und von bestimmten Punkten schön zu gestalten, aber das sind dann eben einzelne Aussichtspunkte; hier ist's ein Aussichtsweg von zwei Kilometer Länge; das hat meines Wissens kein anderer versucht. Kurz, diese Bilder, nebenbei bemerkt wunderbar gepflegt und erhalten, sind zweifellos eine Lebensarbeit, und tatsächlich ist ein halbes Jahrhundert (1768–1817) unausgesetzt daran geschaffen worden.

Karl Emil Franzos (1848–1904)

MAGDEBURG: VON BLUTHOCHZEITEN UND PHYSIKALISCHEN EXPERIMENTEN

Magdeburger Nixen

Zu Magdeburg an einer Stelle der Elbe ließ sich oft die Nixe sehen, zog die überschwimmenden Leute hinab und ersäufte sie. Kurz vor der Zerstörung der Stadt durch Tilly schwomm ein hurtiger Schwimmer um ein Stück Geld hinüber, als er aber herüber wollte und an den Ort geriet, wurde er festgehalten und hinuntergerissen. Niemand konnte ihn retten und zuletzt schwomm sein Leichnam ans Ufer. Zuweilen soll sich das Meerwunder am hellen Tag und bei scheinender Sonne zeigen, sich ans Ufer setzen oder auf die Äste anstehender Bäume und wie schöne Jungfrauen lange, goldgelbe Haare kämmen. Wenn aber Leute nahen, hüpft es ins Wasser. Einmal, weil das Brunnenwasser hart zu kochen ist, das Elbwasser aber weit und mühselig in die Stadt getragen werden muß, wollte die Bürgerschaft eine Wasserleitung bauen lassen. Man fing an, große Pfähle in den Fluß zu schlagen, konnte aber bald nicht weit vorrücken. Denn man sah einen nackenden Mann in der Flut stehen, der mit Macht alle eingesetzten Pfähle ausriß und zerstreute, so daß man den vorgenommenen Bau wieder einstellen mußte.

Brüder Grimm: Jacob Grimm (1785–1863,
Wilhelm Grimm (1786–1859)

Ein nüchterner Casanova in Magdeburg

In Magdeburg überbrachte ich einem Offizier einen Brief, den General Beckwith mir für ihn gegeben hatte. Er zeigte mir alle Geheimnisse der Festung und behielt mich drei Tage bei sich. Ich genoß die Freuden der Tafel, der Liebe und des Spiels, aber ich war nüchtern, schonte meine Gesundheit und vermehrte meine Barschaft in bescheidener Weise, indem ich mich rechtschaffen mäßigte.

Von Magdeburg fuhr ich geradewegs nach Berlin, ohne mich in Potsdam aufzuhalten; denn der König war nicht da.

Giacomo Casanova (1725–1798)

Ein Soldatenabenteuer des Simplicissimus

Als ich erzähltermaßen meine beiden Herzbrüder verloren hatte, verleidet' mir das ganze Lager vor Magdeburg, welches ich ohnedas nur eine leinene und stroherne Stadt mit irdenen Mauern zu nennen pflegte. Ich wurde meines Stands so müd und satt, als wenn ich's mit lauter eisernen Kochlöffeln gefressen hätte, einmal, ich gedachte mich nicht mehr von jedermann so foppen zu lassen, sondern meines Narrnkleids loszuwerden und sollte ich gleich Leib und Leben darüber verlieren. Das setzte ich folgendergestalt sehr liederlich ins Werk, weil mir sonst keine bessere Gelegenheit anstehen wollte.

Olivier der Secretarius, welcher nach des alten Herzbruders Tod mein Hofmeister worden war, erlaubte mir oft mit den Knechten auf Fourage zu reiten; als wir nun einsmals in ein groß Dorf kamen, darinnen etliche den Reutern zuständige Bagage logierte, und jeder hin und wieder in die Häuser ging, zu suchen was etwa mitzunehmen wäre, stahl ich mich auch hinweg und suchte, ob ich nicht ein altes Baurenkleid finden möchte, um welches ich meine Narrnkappe vertauschen könnte; aber ich fand nicht was ich wollte, sondern mußte mit einem Weiberkleid vorlieb nehmen; ich zog selbiges an, weil ich mich allein sah, und warf das meinig in ein Secret, mir nicht anders einbildend, als daß ich numehr aus allen meinen Nöten errettet worden. […]

Ihr schrecklich Geschrei lockte den Rumormeister hinzu, welcher eben ankam, als sie mir die Kleider vom Leib gerissen und gesehen hatten, daß ich kein Weibsbild war; [...] und indem ich hoffte, er würde mich erretten, nahm er mich dagegen gefangen, weil es ungewöhnlich und fast argwöhnische Sach war, daß sich ein Mannsbild bei einer Armee in Weiberkleidern sollte finden lassen, dergestalt wanderten er und seine Bursch mit mir neben den Regimentern daher (welche alle im Feld stunden und marschieren wollten) der Meinung, mich dem Generalauditor oder Generalgewaltiger zu überliefern; [...]

Es kam mich gewaltig sauer an, so in Ketten und Banden zu marschieren [...]. Gedachter Olivier kommunizierte mir noch denselbigen Abend, warum ich so hart gefangen gehalten wurde, und unser Regimentsschultheiß bekam gleich Befehl, mich zu examinieren, damit meine Aussag dem Generalauditor desto eher zugestellt werden möchte, denn man hielt mich nicht allein für einen Kundschafter und Spionen, sondern auch gar für einen der hexen könnte, die weil man kurz hernach, als ich von meinem Obristen ausgetreten, einige Zauberinnen verbrennt die bekannt hatten und darauf gestorben wären, daß sie mich auch bei ihrer Generalzusammenkunft gesehen hätten, da sie beieinander gewesen, die Elb auszutrocknen, damit Magdeburg desto eher eingenommen werden könnte.

Hans Jakob Christoffel von Grimmelshausen (1621–1676)

Über die Eroberung der Stadt Magdeburg

Die stets alleine schlief / die alte keusche Magd /
Von tausenden gehofft / und tausenden versagt /
Die Carl zuvor / und itzt der Marg-Graf hat begehret /
Und jenem nie / und dem nicht lange ward gewaehret /
Weil jener ehrlich war / und dieser Bischoff ist /
Und keine Jungfrau nicht ein frembdes Bett erkiest /
Kriegt Tylli. Also koemmt itzt keusch und keusche Flammen /
Und Jungfrau und Gesell / und alt und alt zusammen.

Martin Opitz (1597–1639)

Magdeburger Bluthochzeit

Da die Pässe nach Vorpommern aufs beste besetzt waren und das Lager des Königs bei Schwedt jedem Angriffe Trotz bot, so entsagte *Tilly* seinem ersten angreifenden Plan und zog sich rückwärts nach der Elbe – um Magdeburg zu belagern [...]. Am 30sten März 1631 erschien endlich *Tilly* wieder, um von jetzt an die Belagerung mit Eifer zu betreiben. In kurzer Zeit waren alle Außenwerke erobert, und *Falkenberg* selbst hatte die Besatzungen, welche nicht mehr zu retten waren, zurückgezogen und die Elbbrücke abwerfen lassen. Da es an hinlänglichen Truppen fehlte, die weitläufige Festung mit den Vorstädten zu vertheidigen, so wurden auch die Vorstädte Sudenburg und Neustadt dem Feinde preisgegeben, der sie sogleich in die Asche legte. *Pappenheim* trennte sich von *Tilly*, ging bei Schönebeck über die Elbe, um von der andern Seite die Stadt anzugreifen. [...] Zwei Thore werden jetzt von den Stürmenden der Hauptarmee geöffnet, und *Tilly* läßt einen Theil seines Fußvolks einmarschieren. Es besetzt sogleich die Hauptstraßen, und das aufgepflanzte Geschütz scheucht alle Bürger in ihre Wohnungen, dort ihr Schicksal zu erwarten. Nicht lange läßt man sie im Zweifel; zwei Worte des Grafen *Tilly* bestimmen Magdeburgs Geschick. Ein nur etwas menschlicher Feldherr würde *solchen* Truppen vergeblich Schonung anbefohlen haben; *Tilly* gab sich auch nicht die Mühe, es zu versuchen. Durch das Stillschweigen seines Generals zum Herrn über das Leben aller Bürger gemacht, stürzte der Soldat in das Innere der Häuser, um ungebunden alle Begierden einer viehischen Seele zu kühlen. Vor manchem *deutschen* Ohre fand die flehende Unschuld Erbarmen, keines vor dem tauben Grimm der Wallonen aus *Pappenheims* Heer. Kaum hatte dieses Blutbad seinen Anfang genommen, als alle übrigen Thore aufgingen, die ganze Reiterei und der Croaten fürchterliche Banden gegen die unglückliche Stadt losgelassen wurden. Eine Würgescene fing jetzt an, für welche die Geschichte keine Sprache und die Dichtkunst keinen Pinsel hat. Nicht die schuldfreie Kindheit, nicht das hilflose Alter, nicht Jugend, nicht Geschlecht, nicht Stand, nicht Schönheit können die Wuth des Siegers entwaffnen. Frauen werden in den Armen ihrer Männer, Töchter zu den Füßen ihrer Väter mißhandelt, und das wehrlose Geschlecht hat bloß das Vorrecht, einer gedoppelten Wuth zum Opfer zu dienen. Keine noch so verborgene, keine noch so geheiligte Stätte konnte vor der alles durchforschenden Habsucht sichern. Dreiundfünfzig Frauenspersonen fand man in einer Kirche enthauptet. Croaten vergnügten sich, Kinder in die Flammen zu werfen – *Pappenheims* Wallonen, Säuglinge an den Brüsten ihrer Mütter zu spießen. Einige liguistische Offiziere, von diesem grausenvollen Anblick empört, unterstanden sich, den Grafen *Tilly* zu erinnern, daß er dem Blutbad möchte Einhalt thun lassen. „Kommt in einer Stunde wieder", war seine Antwort, „ich werde dann sehen, was ich thun werde. Der Soldat muß für seine Gefahr und Arbeit etwas haben." In ununterbrochener Wuth dauerten diese Gräuel fort, bis endlich Rauch und Flammen der Raubsucht Grenzen setzten. Um die Verwirrung zu vermehren und den Widerstand der Bürger zu brechen, hatte man gleich Anfangs an verschiedenen Orten Feuer angelegt. Jetzt erhob sich ein Sturmwind, der die Flammen mit reißender Schnelligkeit durch die ganze Stadt verbreitete und den Brand allgemein machte. Fürchterlich war das Gedränge durch Qualm und Leichen, durch gezückte Schwerter, durch stürzende Trümmer, durch das strömende Blut. Die Atmosphäre kochte, und die unerträgliche Glut zwang endlich selbst die Würger, sich in das Lager zu flüchten. In weniger als zwölf Stunden lag diese volkreiche, feste, große Stadt, eine der schönsten Deutschlands, in der Asche, zwei Kirchen und einige Hütten ausgenommen. Der Administrator *Christian Wilhelm* ward mit drei Bürgermeistern nach vielen empfangenen Wunden gefangen; viele tapfere Officiere und Magistrate hatten fechtend einen beneideten Tod gefunden. Vierhundert der reichsten Bürger entriß die Habsucht der Officiere dem Tod, um ein theures Lösegeld von ihnen zu erpressen. Noch dazu waren es meistens Officiere der Ligue, welche diese Menschlichkeit zeigten, und die blinde Mordbegier der kaiserlichen Soldaten ließ sie als rettende Engel betrachten. Kaum hatte sich die Wuth des Brandes gemindert, als die kaiserlichen Schaaren mit erneuertem Hunger zurückkehrten, um unter Schutt und Asche ihren Raub aufzuwühlen. Manche erstickte der Dampf; viele machten große Beute, da die Bürger ihr Bestes in die Keller geflüchtet hatten. Am 13ten Mai erschien endlich *Tilly* selbst in der

Stadt, nachdem die Hauptstraßen von Schutt und Leichen gereinigt waren. Schauderhaft gräßlich, empörend war die Scene, welche sich jetzt der Menschlichkeit darstellte! Lebende, die unter den Leichen hervorkrochen, herumirrende Kinder, die mit herzzerschneidendem Geschrei ihre Eltern suchten, Säuglinge, die an den todten Brüsten ihrer Mütter saugten! Mehr als 6000 Leichen mußte man in die Elbe werfen, um die Gassen zu räumen; eine ungleich größere Menge von Lebenden und Leichen hatte das Feuer verzehrt; die ganze Zahl der Getödteten wird auf 30,000 angegeben. Der Einzug des Generals, welcher am 14ten erfolgte, machte der Plünderung ein Ende, und was bis dahin gerettet war, blieb leben.

Friedrich Schiller (1759–1805)

Magdeburg – Aus einem Klagelied zur Bluthochzeit

Wo hat der Sultan wol viel grausamer gewütet?
Wann hat der Tartarn Volk jemalen das verhütet,
Daß, die erschlagen sein durch ihres Säbels Macht,
Hernach wie sichs geziemt nit sind ins Grab gebracht?
Hie ward der Menschlichkeit so ganz und gar vergessen,
Daß man die Toten auch ließ von den Hunden fressen
Und zwar die meisten noch zur Elbe warf hinein
Und ließ sie in der Tief' ein Schleck der Fische sein.
Nun, Herr, du großer Gott, wir haben dieß verdienet
Und was dein Grimm mit uns noch mehr und mehr beginnet;
Du strafest deine Freund' auch wol in solchen Zorn
Und wilt doch gleichwol nit, daß jemand sei verlorn.
Ich weiß, es thut dir ja nach unserm Heil verlangen,
Wiewol wir leider nicht von Herzen angehangen
Den Worten und Befehl, die du der ganzen Welt
Durch Mosen deinen Knecht zum Spiegel vorgestellt.
Doch weißt du deine Feind' auch endlich wol zu strafen,
Daß sie uns trotzen nicht: „Ihr Gott, ihr Gott thut schlafen".
Ach, Herr, du bist gerecht, dein ist allein die Rach';
Ei, drum so stellen wir dir heim die ganze Sach'.

Ach, Herr, streit' unsern Streit und beuge ja den Nacken
Der Feind', auch schlage sie ganz grimmig auf die Backen,
So preisen wir dich stets, und bitten dieß allein:
Du wollest Magdeburg und uns barmherzig sein. [...]

Johann Rist (1607–1667)

Wiederkehr nach Magdeburg in schwerer Zeit

Nach einer sechsjährigen Abwesenheit kehrte jetzt Georg in die Heimat zurück.

Der Abend wiegte sich in den Fluten der Elbe. An ihren Ufern hin zog Georg einsam, in sich selbst versunken. Die Türme von Magdeburg hoben sich aus dem herbstlichen Nebelduft. Georg blickte auf und seufzte.

Nach einer so langen Abwesenheit sollte er das Haus wiedersehen, das ihn auferzogen; auf ihn wartete daheim der herzliche Willkommen seines Pflegers und zweiten Vaters und seiner geliebten Schwester; ringsum, wo er hinsah, traten ihm Wälder und Hügel, Dörfer und einzelne Bäume wie alte Bekannte entgegen und schienen, die Bilder seiner fröhlichen Knabenzeit vor ihm vorüberführend, sich seiner Wiederkehr zu freuen. Doch Georg vermochte alles dessen nicht froh zu werden; ein banges Gefühl, das er sich selber klarzumachen scheute, drückte seine Brust zusammen. [...] Die Erinnerung der vergangenen Zeit ward mit jedem Augenblick lebendiger in seiner Seele; doch alle andern zurückdrängend, hob sich die Gestalt seiner Schwester Klara empor. Er gedachte ihrer friedlichen Spiele und wie sie sich geliebt und ihre Herzen aneinandergehangen, von früher Kindheit an, wie er nur in der innigsten Vereinigung mit ihr sich seines Lebens bewußt geworden, und er gedachte seines Schmerzes bei dem Abschied und hielt das liebliche Bild, in Tränen schwimmend, an seinem Herzen, wie damals. Als aufblühende Jungfrau hatte er sie verlassen; jetzt sollte er sie wiedersehen als die Gattin seines Pflegevaters.

Vor wenig Wochen erst hatte er die Nachricht seiner Vermählung und den Befehl zur Heimkehr von diesem erhalten, da der entsetzliche Krieg, welcher nun schon so lange verwüstend durch Deutschlands Gaue zog, jede Verbindung zwischen den entfernteren Provinzen erschwerte und oft gänzlich aufhob. [...]

Die Stadt Magdeburg teilte sich damals zwischen Hoffnung und banger Erwartung. Da man nach der Entfernung des geächteten Administrators, Christian Wilhelm von Brandenburg, auch die Wahl des Herzogs von Sachsen kaiserlicherseits mit Unwillen vermerkte, indem der Kaiser seinen eigenen Sohn auf den erzbischöflichen Stuhl erheben wollte, die Stadt auch deshalb bereits im vorigen Jahr eine mehr als sechsmonatliche Einschließung von den Kaiserlichen erduldet hatte, war jetzt, nicht gar lange vor Georgens Ankunft, der zurückgekehrte Christian Wilhelm, die Gelegenheit benutzend, plötzlich und in der Stille zu Magdeburg erschienen und hatte mit dem Rat ein Bündnis abgeschlossen, worauf sich die Stadt unter schwedischen Schutz begeben. Bald darauf war vom König Gustav Adolf der Oberste Dietrich von Falkenstein gesandt und vom Magistrat zum Kommandanten der Stadt bestellt.

Vielen bangte nun vor der Rache des Kaisers, die sie wie ein verderbenschwangeres Gewitter über der Stadt schweben sahen; der größere Teil aber vertraute der nahen Hülfe des schwedischen Heeres, welches schon ganz Pommern in Besitz und auch aus den Mecklenburgischen Landen die Kaiserlichen vertrieben hatte. [...] Die Freude der Magdeburger über die erhaltenen Vorteile erlitt bald darauf einen harten Stoß, da Graf Pappenheim, von seinem Zuge gegen der Herzog von Sachsen-Lauenburg zurückkehrend, sich der Stadt näherte und die Truppen des Administrators aus der ganzen umliegenden Gegend vertrieb, auch der kaiserliche Feldherr Tilly erschien und ein gar drohendes Abmahnungsschreiben an den Prinzen Christian Wilhelm erließ; doch wuchs ihr Mut von neuem, als Tilly, den reißenden Fortschritten des Königs Gustav Adolfs von Schweden zu begegnen, sich wieder von Magdeburg entfernte und die zurückgelassenen kaiserlichen Generale, Pappenheim und Wolf von Mannsfeld, besonders nach dem mißlungenen Angriff der Schanze in der Kreuzhorst, zur Einschließung und Belagerung der Stadt weiter keinen bedeutenden Versuch machten. [...]

Viele von der jungen Bürgerschaft bezeigten laut ihren Willen, die Stadt mit Gut und Blut zu verteidigen, und übten sich in der Handhabung von Waffen.

So traf sich's, daß Georg einst einem Büchsenschießen zugegen war, welches auf dem Marsch gehalten wurde. Er setzte sich, dem lustigen Treiben eine Weile zuschauend, und wie er so auf das Knallen und auf das Einschlagen der Kugeln in die Scheibe horchte, ging ein Bekannter an ihm vorüber und sprach: „Nun aber wie dann, wenn an dem Ziele ein Menschenleben stände, und wir dagegen mit dem Rohre?" Diese Frage fiel ihm seltsam aufs Herz, er versank darüber in Nachsinnen, und es kamen allerlei wunderliche Gedanken über ihn, in denen er sich verlor, so daß er sich nicht aufrufen hörte, da ihn die Reihe traf, und derselbe Freund ihn daran erinnern mußte.

„Nun, wo seid Ihr?" sprach dieser, indem er ihm die Büchse in die Hand gab. „Nehmt Euch zusammen! Treffen tut not. Der Graumantel hat sich noch keinen ans Herz kommen lassen."

Die Scheibe stellte diesmal das Bild eines Mannes vor, welches beweglich war, so daß es vor dem in Anschlag liegenden Schützen vorübergezogen wurde. Auf der Brust trug es ein rotes Herz, wonach jeder zielte. [...]

Da es Tilly nicht geglückt war, in Pommern etwas gegen den König von Schweden auszurichten, hatte er sich plötzlich wieder rückwärts gewendet, ernstlich entschlossen, Magdeburg nunmehr ohne Säumen mit aller Macht anzugreifen und sich womöglich noch vor Annäherung der Schweden in den Besitz dieses wichtigen Punktes an der Elbe zu setzen.

Wenige Tage nach seiner Ankunft, am 30. März (1631), ließ er durch Pappenheim das blutige Schauspiel eröffnen. Die Schanze im Reherger Holze, *Trutz Pappenheim* genannt, mit einigen hundert Mann besetzt, wurde mit stürmender Hand erobert, die Besatzung niedergehauen und die Leichname in die Elbe geworfen. [...] Nach der Besetzung der Zollschanze, des wichtigsten Außenwerks, welches Falkenberg, der es nicht länger zu halten können meinte, am 21. April freiwillig geräumt, setzte Tilly den größten Teil seiner Truppen über die Elbe, die Stadt auch von der andern Seite ernstlich anzugreifen. Die Magdeburger steckten hierauf die beiden Vorstädte, Sudenburg und Neustadt, selbst in Brand, die Belagerer besetzten die Brandstätten und kamen mit ihren Arbeiten bis nahe an die Stadt, der sie nun durch mehrere Batterien hart zusetzten, und sie zur Nachtzeit durch eingeworfene Granaten und Bomben ängstigten. [...]

Endlich rötete sich der Himmel im Osten; heiter und herrlich geht der gräßliche zehnte Mai über der unglücklichen Stadt auf. [...] Um sieben Uhr endlich donnern die Kanonen, und Pappenheim wirft sich mit seiner ganzen Macht, unter dem Feldgeschrei „Jesus Maria!" jeder Soldat eine weiße Binde um den Arm, [...] und ersteigt die Werke. Andere Truppen dringen zur selben Zeit um das Ronde am Fischerufer durch die seichte Elbe ohne Mühe in die Stadt. [...] Otto von Guerike, der nach dem Fischerufer geeilt war, bringt die Nachricht zurück, daß die Kroaten bereits in der Stadt und mit Plünderung der Fischerhäuser beschäftigt sind. [...]

Georg wollte noch weiter fragen, allein der Lärm, der plötzlich draußen entstand, unterbrach ihn. „Sie kommen!" rief Therese. Ein gräßliches Jauchzen und Jubelgeschrei: „All gewonnen! All gewonnen!" erfüllte die Luft, Trommeln wirbelten, Reiterei sprengte durch die Straße; sie hörten Türen aufschlagen und zwischendurch das Wehgeschrei der Flüchtenden und Gemißhandelten. Händeringend warf sich Klara, heulend stürzten die Mägde auf die Knie und beteten laut. Schon donnerten Kolbenschläge gegen die Tür. [...]

Carl Wilhelm Salice Contessa (1777–1825)

Magdeburger Halbkugeln

Die Luftpumpe.
Zur Verdünnung der Luft in irgend einem Gefäße und zur Bestätigung der über die Spannkraft und den Druck der Luft aufgefundenen Gesetze dient die Luftpumpe, welche im Jahre 1650 durch Otto von Guerike erfunden worden ist. Nach der Verschiedenheit ihres Baues unterscheidet man Hahnluftpumpen und Ventilluftpumpen.
[...]
Uebersicht der Luftpumpenversuche.
1) Den Druck der atmosphärischen Luft beweisen folgende Versuche: Die Glocke sitzt fest auf dem Teller, sobald die Luft unter ihr verdünnt ist. Eine Blase, mit der ein hohler, auf den Teller gestellter Cylinder oben überbunden ist, wird nach einigen Kolbenzügen hineingedrückt und endlich gesprengt. In der Barometerprobe, einem kurzen, unter die Glasglocke gestellten Barometer, sinkt das Quecksilber fast ganz hinab. Zwei aufeinander passende Halbkugeln aus Metall, die Magdeburger Halbkugeln, werden durch den Luftdruck so fest an einander gedrückt, daß auf dem Reichstage zu Regensburg, wo Otto von Guerike (1654) mit seiner Luftpumpe vor den versammelten Fürsten Versuche anstellte, sechzehn Pferde nicht vermochten, die Halbkugeln von einander loszureißen.

Otto von Guericke (1602–1686)

GRENZGEBIETE ALTMARK, WENDLAND, LAUENBURG: ELBSTRÄNDE ZWISCHEN TANGERMÜNDE UND WITTENBERGE

Eine Flussgeographie des Mittellaufs

Die Elbe beginnt in der Gegend von Wittenberg, nachdem sie die Schwarze Elster aufgenommen, die uralisch-karpathische Höhe zu durchbrechen. Die Elbe weicht auf einer Strecke von 8 M. [Meilen] bis Aken aus ihrer Hauptrichtung und fließt fast ganz nach Westen; von Aken bis Magdeburg 5 M. nach Nordwesten, auf die Vorberge des Harzes zu. Magdeburg tritt als bedeutsamer Punkt des Elblaufs hervor. Die Richtung wird von hier ab bis zur Havelmündung nordwestlich, und unterhalb der Stadt durchsetzen zum letzten Mal die Riffe des Rothliegenden die Elbe. Von Tangermünde an abwärts beginnt in der Elbe Inselbildung. Von der Havelmündung an bleibt die Hauptrichtung nordwestlich und geht in der Senke zwischen beiden Landrücken weiter.

Hermann Adalbert Daniel (1812–1871)

Drusus zieht ab

Im Jahr darauf [9 v. Chr.] wurde Drusus zusammen mit Titus Crispinus Konsul, und böse Vorzeichen taten sich ihm kund: Viele Bauwerke wurden durch Sturm und Blitzschläge zerstört, darunter eine große Zahl von Tempeln. Auch das Heiligtum des Iupiter Capitolinus und der mit ihm dort verehrten Götter wurde beschädigt. Drusus indessen kümmerte sich nicht darum, brach vielmehr ins Chattenland ein und rückte bis zum Gebiet der Sueben vor, wobei er die von ihm durchzogenen Gaue nur unter Mühen unterwarf und die Feinde, die ihm entgegentraten, in blutigen Kämpfen besiegte. Von dort nahm er seinen Weg ins Land der Cherusker, überschritt die Weser und stieß, alles verwüstend, bis zur Elbe vor. Der Strom kommt aus dem Vandalengebirge und ergießt sich in großer Stärke in den nördlichen Ozean. Dieses Gewässer wollte nun Drusus ebenfalls überqueren, doch mißlang der Versuch, und er mußte sich begnügen, Siegeszeichen aufzurichten. Dann trat er den Rückzug an. Ein Weib von übermenschlicher Größe stellte sich ihm ja mit den Worten entgegen: „Wohin willst du denn, unersättlicher Drusus? Dir ist es nicht vergönnt, alle diese Lande zu schauen. Zieh also ab; denn schon ist das Ende deiner Taten und deines Lebens da!“ Es ist zwar verwunderlich, daß solch eine Stimme irgendeinem Menschen von seiten der Gottheit zuteil geworden sein soll, doch sehe ich keinen Grund, nicht daran zu glauben; ging doch die Prophezeiung alsogleich in Erfüllung: Drusus kehrte eiligst um, und ehe er noch den Rhein erreichte, starb er mitten auf dem Wege an einer Krankheit. Und eine Bestätigung für die Wahrheit des Berichtes liegt für mich in folgenden Tatsachen, daß Wölfe unmittelbar vor seinem Tode das Lager umkreisten und heulten, daß man auch zwei junge Männer mitten durch die Verschanzung reiten sah und Klagerufe wie von Frauen zu hören waren. Außerdem schossen Sterne quer über den Himmel hin.

Cassius Dio (ca. 163–235 n. Chr.)

Burg von Tangermünde

Eine schmale Zugbrücke führte hinüber, und sie passierten sie. Drinnen war alles still: der Efeu wuchs hoch am Gemäuer auf, und in der Mitte stand ein alter Nußbaum, dessen weites Geäst den halben Hofraum überdachte. Und um den ausgehöhlten Stamm her war eine Bank. Grete wollte sich setzen; Valtin aber nahm ihre Hand und sagte: „Nicht hier, Grete, es ist zu stickig hier.“ Und damit gingen sie weiter bis an den Fuß eines steilen, in die Rasenbettung eingeschnittenen Treppchens, das oben auf einen breiten, von zwei Türmen flankierten Wallgang mündete. Zwischen diesen Türmen aber lief eine dicke, niedrige Feldsteinmauer, die nur um ein paar Fuß höher war als der Wallgang selbst. Und auf diese Mauer setzten sie sich und sahen in die Landschaft hinaus. Zu Füßen hatten sie den breiten Strom und die schmale Tanger, die spitzwinklig in den Strom einmündete, drüben aber, am andern Ufer, dehnten sich die Wiesen, und dahinter lag ein Schattenstrich, aus dessen Lichtungen hier und dort eine vom Abendrot übergoldete Kirchturmspitze hervorblickte. [...]

Und so schlug denn Valtin vor, wieder hügelabwärts zu steigen und drüben auf den Elbwiesen einen Spaziergang zu machen. Grete war es zufrieden, und erst als sie den Fährmann angerufen und den Fluß gekreuzt hatten, wandten sie sich wieder, um nun umbehindert auf die goldig im Scheine der Spätnachmittagssonne daliegende Burg zurückzusehen und in die von drüben her herüberklingenden Lebehochs miteinzustimmen.

Aber bald waren sie's müd, und sie gingen tiefer in die hoch in Gras stehende, mit Ranunkeln und rotem Ampfer übersäte Wiese hinein, bis sie zuletzt an einen niedrigen, mit Werft und Weiden besetzten Erdwall kamen, der sich quer durch die weite Wiesenlandschaft zog. Auf der Höhe dieses Walles lag ein Feldstein von absonderlicher Form und so dicht mit Flechten überwachsen, daß sich ein paar halbverwitterte Schriftzeichen daran nur mühsam erkennen ließen. Und auf diesen Feldstein setzten sie sich.

„Was bedeutet der Stein?" fragte Grete.

„Ich weiß es nicht. Vielleicht ein Wendengrab."

„Wie denn?"

„Weißt du denn nicht? Dies ist ja das Feld, wo die große Tangerschlacht war. Heiden und Christen. Und die Heiden siegten. Und zu beiden Seiten des Erdwalls, auf dem wir hier sitzen, *vor* uns bis dicht an den Wald und *hinter* uns bis dicht an den Fluß, liegen sie zu vielen Tausenden."

„Ich glaub' es nicht. Und wenn auch, ich mag nicht davon hören. Auch nicht, wenn die Christen gesiegt hätten ... Aber sieh, wie schön." Und dabei zeigte sie mit der Hand auf die vor ihnen ausgebreitete Landschaft, die sie jetzt erst, von dem hochgelegenen Stein aus, mit ihrem Blick umfassen konnten. Es war dasselbe Bild, das sie letzten Herbst schon von der Burg und dem Gemäuer aus vor Augen gehabt hatten, nur die Dörfer, die damals mit nichts andrem als ihren Kirchturmspitzen aus dem Schattenstriche des Waldes hervorgeblickt, lagen heute klar und deutlich vor ihnen, und die Strohdächer mit ihren Storchennestern ließen sich überall erkennen.

„Weißt du, wie die Dörfer heißen?" fragte Grete.

„Gewiß weiß ich's. Das hier rechts ist Buch, wo der Herr von Buch lebte, der einen Schatz in unsrer Tangermünder Kirche viel Jahre lang verborgen hielt, um ihn zuletzt als Lösegeld für seinen Herrn Markgrafen zu zahlen. Denn die Magdeburger hatten ihn gefangen genommen. Und er hieß Markgraf Otto. Otto, mit dem Pfeil. Ein schöner Herr und sehr ritterlich, und war ein Dichter und liebte die Frauen. Weißt du davon?"

„Nein ... Aber hier das Dorf mit dem blanken Wetterhahn?"

„Das ist *Fischbeck*."

„Ach, das kenn ich. Da wohnt ja der alte Pfarr ... aber nun hab'ich seinen Namen vergessen. Oh, von *dem* weiß ich. Der war eines Fischbecker Bauern Sohn und sollte seines Vaters Pferde hüten [...].

„Aber Grete, woher weißt du nur das alles? Die Geschichte von der großen Tangerschlacht und von dem Tangermünder Schatze, die weißt du *nicht*, und die von dem Fischbecker Pastor weißt du so genau!" [...].

Und so schritten sie wieder auf die Fähre zu. Die Sterne waren bald herauf und spiegelten sich in dem stillen Strom, während Mückenschwärme wie Rauchsäulen über ihnen standen. Oben auf der Burg schimmerten noch die Lichter, sonst aber war alles still, und nur aus weiter Ferne her hörte man noch ein Singen, das mehr und mehr verklang.

Theodor Fontane (1819–1898)

Grete Mindes Flucht auf der Elbe

Als sie so saßen und mehr träumten als sprachen, bemerkten sie, daß mitten auf dem Strom ein großes Floß geschwommen kam, lange, zusammengebolzte Stämme, auf denen sich vier Personen deutlich erkennen ließen: drei Männer und eine Frau. Zwei von den Männern standen vorn an der Spitze des Floßes, während der dritte, der seinen raschen und kräftigen Bewegungen nach der jüngste zu sein schien, das ungefüge Steuer führte. „Was meinst du", sagte Valtin, „wenn wir mitführen? Du bist müde vom Gehen. Und mitten auf dem Strom, da sucht uns niemand."

Grete schien zu schwanken; Valtin aber setzte hinzu: „Laß es uns versuchen; ich ruf' hinüber, und halten sie still und machen ein Boot los, nun so nehmen wir's als ein Zeichen, daß es sein soll. Und er sprang auf und rief: „Hoiho", ein Mal über das andere.

Die Flößer verrieten anfänglich wenig Lust, auf diese Zurufe zu achten, als Valtin aber nicht abließ, machte der am Steuer Stehende den Kahn los, der hinter dem Floße herschwamm, und war im nächsten Augenblicke mit ein paar Ruderschlägen am diesseitigen Ufer. „Hoiho? Was Hoiho?" Valtin hörte nun wohl, daß es Wenden oder Böhmen waren, die bis Hamburg wollten, und trug sein Anliegen vor, so gut es ging. Der Böhmake verstand endlich und bedung sich einen Lohn aus, der so gering war, daß ihn Valtin gleich als Angeld zahlte.

Und nun fuhren sie nach dem Floß hinüber.

Als sie neben demselben anlegten, fanden sich auch die beiden Männer ein, zu denen nun der jüngere sprach und ihnen das Geldstück überreichte. Sie schienen's zufrieden, und der älteste, schon ein Mann über fünfzig, und allem Anscheine nach der Führer, lüpfte seine viereckige, mit Pelz besetzte Mütze und bot Greten und gleich darauf auch Valtin seine Hand, um ihnen beim Hinaufsteigen auf das Floß behülflich zu sein. Es war ziemlich an der Hinterseite, nicht weit von dem großen Drehbalken, der als Steuer diente, und unsere beiden Flüchtlinge nahmen in Nähe desselben Platz. Alles gefiel ihnen, und Grete freute sich, daß Valtin den Mut gehabt und die Flößer angerufen hatte; am besten aber gefiel ihnen der Mann am Steuer, der lebhaft und lustig war und sich beflissen zeigte, sie zu zerstreuen und ihnen den Aufenthalt angenehm zu machen. Er plauderte mit ihnen, so gut es ein paar Wörter zuließen, und war erfinderisch in immer neuen Aufmerksamkeiten.

Als die Sonne schon ziemlich hoch stand, sah er, daß die vom Wasser zurückgeworfenen Strahlen die jungen Leute blendeten, und kaum daß er es wahrgenommen, als er auch schon das Steuer in Valtins Hand legte und sich daran machte, mit Benutzung umherliegender Bretter, aus einem großen Stück Segelleinwand ein Zelt für seine Schutzbefohlenen aufzurichten. Sie setzten sich unter das Dach und genossen nun erst der eigentümlichen Schönheit ihrer Fahrt. Am Ufer hin stand das hohe Schilf, und wenn dann das Floß den grünen Schilfgürtel streifte, flogen die Wasservögel in ganzen Völkern auf und fielen plätschernd und schreiend an weiter flußabwärts gelegenen Stellen wieder ein. Der Himmel wölbte sich immer blauer, und ein Mittagswind, der sich aufgemacht hatte, strich frisch an ihnen vorüber und kühlte die Tageshitze. Vorne, durch die ganze Länge des Floßes von ihnen getrennt, standen nach wie vor die beiden älteren Männer und angelten, ihre Haltung aber zeigte nur zu deutlich, daß sie mit dem Ertrag ihres Fanges wenig zufrieden waren. Waren es doch immer nur kleine Fische, die, sooft sie die Schnur zogen, in der Sonne hell aufblitzten. Jetzt aber gab es einen Freudenschrei, und ein Breitfisch, so groß und schwer, daß die Schnur am Reißen war, flog mit einem Ruck an Bord. Das war es, worauf sie gewartet hatten, und sie schütteten nun die neben ihnen stehende Kufe mitsamt ihrem Inhalt wieder aus, füllten sie frisch mit Wasser und trugen ihren großen Fang wie im Triumph auf die Mitte des Floßes, wo schon seit einiger Zeit ein hell aufwirbelnder Küchenrauch die Vorbereitungen zu einer Mahlzeit anzudeuten schien. Und in der Tat hantierte hier emsig und lärmend ein junges Frauenzimmer umher, das mit seinen stechenden kohlschwarzen Augen wohl dann und wann zu den neuen Ankömmlingen flüchtig herübergesehen, im Übrigen aber durch seine ganze Haltung weder Freude noch Teilnahme bezeigt hatte.

Und immer weiter ging die Fahrt, und immer stiller wurde der Tag. [...]

Sie mußten, an Neumühlen vorüber, schon meilenweit gefahren sein und hätten sich zu jeglichem um sie her beglückwünschen können, wenn nicht das junge Frauenzimmer mit den blanken Flechten und den schwarzen Stechaugen gewesen wäre. Valtin hatte nichts bemerkt, aber der schärfer sehenden Grete war es nicht entgangen, daß sie seit Mittag kein Auge von ihnen ließ und ersichtlich etwas gegen sie vorhatte. Ob aus Eifersucht oder Habsucht, ließ sich nicht erkennen, aber etwas Gutes konnt' es nicht sein, und als der Tag sich neigte, rückte Grete näher und teilte Valtin ihre Besorgnisse mit. Dieser schüttelte den Kopf und wollte davon nichts wissen, und siehe da, auch Grete vergaß es wieder, als sich, gleich nach Sonnenuntergang, ein neues Leben auf dem Floße zu regen begann. Der Alte nahm eine Fiedel, und die Frauensperson, die sich mittlerweile geputzt und eine rote Schürze angelegt hatte, führte mit dem jungen Burschen einen böhmischen Tanz auf. Danach setzten sie sich an den Herd und sangen Lieder, die der Alte mit ein paar Strichen auf der Fiedel begleitete. Und nun kam die Dämmerung, und die Sterne begannen matt zu flimmern. Das Floß selbst hatte sich hart ans Ufer gelegt, das hier, anfänglich flach, dreißig Schritte weiter landeinwärts eine hohe, steile Wandung zeigte. Es war noch hell genug, um die rotgelben Töne des fetten Lehmbodens erkennen zu können. Alles schwieg, und nur Grete, der ihr Verdacht wiedergekommen war, sagte leise: „Valtin, ich habe doch recht. Ich fürchte mich."

„Glaubst du wirklich, daß es böse Leute sind?"

„Nicht eigentlich böse Leute, aber sie werden der Versuchung nicht widerstehen können. Du hast ihnen Geld gezeigt, und die Frau hat gesehen, daß ich Schmuck trage. Sie werden uns berauben wollen. Und setzest du dich zur Wehr, so ist es unser letzter Tag."

Valtin überlegte hin und her, und sagte dann: „Ich fürcht', es ist, wie du sagst. Und so müssen wir wieder fliehen. Ach, immer fliehen! Auch noch auf der Flucht eine Flucht."

Niemand folgte.

Theodor Fontane (1819–1898)

Briefe eines Deichhauptmanns

Jerichow, Freitag 29.1.47,

Angela mia

Ich bin glücklich hier eingetroffen, habe alles abpatroulliert, und mich zu meinem Kummer überzeugt, daß ich wie gewöhnlich, zu früh gekommen bin. Das Elbeis liegt noch fest und alles ist in bester Ordnung. Ich ergreife eine müßige halbe Stunde in einem sehr schlechten Wirtshaus, um Dir auf sehr schlechtem Papier zu schreiben, wenn auch nur wenige Worte.

Sobald das Wasser (was übrigens noch gar nicht gekommen ist) verlaufen sein wird, fliege ich wieder nach Norden, die Blume der Wildniß, wie mein Vetter sagt, aufzusuchen. Sobald ich in Schönhausen zur Ruhe bin, schreibe ich Dir ausführlicher, für jetzt nur dies Lebens- und Liebeszeichen, die Rosse stampfen wiehern und bäumen vor der Thür und ich habe heute noch viel vor. Die herzlichsten Grüße an Deine, oder j'ose dire unsere Eltern. Sans phrase der Deinige von Kopf bis zur Zehe. Küsse lassen sich nicht schreiben. Leb wohl. Bismarck

Schönhausen 23. Febr. 47,

Mein Engel! Ich werde zwar diesen Brief morgen doch nicht abschicken, aber ich will immer die wenigen müßigen Minuten benutzen, die mir bleiben, um dem Bedürfniß, welches ich stündlich empfinde, dem mit Dir zu verkehren, zu genügen, und Dir demnächst wieder eine Sonntagsepistel zu componieren. Ich bin heut den ganzen Tag in Bewegung gewesen. The Morish king rode up and down, leider nicht through Granada's royal town, sondern zwischen Havelberg und Jerichow, zu Fuß zu Wagen und zu Pferde und fror dabei tüchtig, weil ich nach dem warmen Wetter der letzten Tage mich garnicht auf 2 Grad Kälte bei schneidendem Nordwind vorbereitet hatte, und zu eilig oder zu faul war, wieder die Treppe zu ersteigen, als ich die frische Luft merkte. In der Nacht war es noch ganz leidlich gewesen und prächtiger Mondschein. Es war übrigens ein schönes Schauspiel, wenn die großen Eisfelder sich erst mit Kanonenschuß-artigem Krachen schwerfällig in Bewegung setzten, sich an einander zersplittern, bäumen, unter- und übereinander schieben, sich haushoch aufthürmen und mitunter Wälle quer durch die Elbe bilden, vor denen der Strom sich aufstaut, bis er sie mit Toben durchbricht. Jetzt sind sie alle im Kampf zerbrochen, die Riesen, und das Wasser ganz dicht bedeckt mit Schollen deren größte einige Quadratruthen halten, und die es eilig mit mürrischem Klirren, wie gebrochne Ketten der freien See zuträgt. Dieß wird nun noch etwa 3 Tage so anhalten, bis das Eis aus Böhmen durch ist, das schon seit einigen Tagen die Dresdner Brücke passirt. (Die Gefahr liegt darin, daß die Schollen sich stopfen, einen Damm bilden, und den Strom davor aufstauen, oft 10 bis 15 Fuß in einigen Stunden.)

Dann folgt das Hochwasser, aus den Gebirgen, welches das oft meilenbreite Bett der Elbe ausfüllt, und durch seine Masse an und für sich gefährlich ist. Wie lange das währt, können wir nicht vorherbestimmen. [...]
Farewell

Schönhausen 28. Febr. 1847,

Geliebteste
Die Elbe fängt schon wieder an zu fallen, steht aber noch 8 bis 10 Fuß höher als die umliegende Gegend, und nur durch schmale Dämme, auf denen grade ein Wagen fahren kann, wird diese unabsehbare Wassermasse zusammengehalten, und verhindert sich über das Land zu ergießen. Wenn Gott nicht den Frost schickte, der einstweilen die Zuflüsse in Fesseln schlug, so bekamen wir einen sehr gefährlichen Stand. Mittlerweile ist nun hoffentlich der größere Theil des Wassers vorbei, oder doch im Gange, und das was der Frost aufhielt wird bald folgen, denn seit heut früh ist wieder weiches Wetter. Dabei war es bisher prächtig windstill, so daß die Deiche nicht durch den Wellenschlag gelitten haben. Diese friedfertige Lösung der Sache ist aber zugleich eine langweilige, denn sie bewirkt eine viel längere Dauer des Hochwassers. Behalten wir diese stille Witterung, so denke ich daß in 8 bis 12 Tagen alle Besorgniß vorbei ist; kommen Sturm und Regen dazwischen, so kann es 2 oder 3 Tage eher fertig werden, wird aber auch bedenklich, denn in den Gebirgen liegt noch soviel Schnee, daß das Wasser uns über den Kopf wächst, wenn er sich plötzlich löst. Vor dem 10. wird mich das Wasser also wahrscheinlich nicht loslassen, vielleicht erst später. Dann habe ich einige Termine mit streitsüchtigen Bauerngemeinden, die ich freilich auch nach dem 20. abmachen könnte, aber geschehn muß es doch, jetzt oder dann; wenn ich sie aber auch aufschiebe, so bleibt es doch fraglich, ob ich, nach Abzug von 2 Mal 48 Stunden zur Hin- und Rückreise, Zeit genug übrig behalte um zu Dir zu kommen; nous verrons; der Erfolg wird es lehren.

Otto von Bismarck (1815–1898)

Grenze hinter Wittenberge

„Aber nein mein Lieber! Unter gar keinen Umständen! Bis hierher und nicht weiter!" sagte der Volkspolizist in Wittenberge. „Na schön", antwortete ich. „Aber ich brauche nun einmal die ganze Elbe für mein Buch. Wissen Sie, was ich jetzt mache?"

„Natürlich", bekam ich zur Antwort. „Entweder Sie fahren auf der Elbe oder mit der Eisenbahn zurück." „Jawohl", versetzte ich, „ich fahre mit der Eisenbahn, aber nicht zurück, sondern 'runter nach Schwanheide, und zwar mit Sack und Pack. Dort passiere ich den vorgeschriebenen Kontrollpunkt, und dann reise ich mit der Bundesbahn auf dem linken Elbufer wieder hundert Kilometer stromauf, damit ich drüben mein Boot wieder einsetzen und dennoch den ganzen Strom damit bereisen kann. Das geht doch, nicht wahr?" Der Volkspolizist runzelte die Stirn. „Das geht", stimmte er zögernd zu. „Aber dann müssen Sie auf der ganzen Strecke, auf der die Elbe Grenze ist, das rechte Ufer meiden und unter allen Umständen auf der bundesrepublikanischen Seite bleiben! Unter allen Umständen: auch im Falle...", er schüttelte lächelnd den Kopf. „Warten Sie", sagte er. „Ich will gerne tun, was mir allenfalls zu tun möglich ist." Er notierte sich meine Personalien und den Namen meines Bootes und versprach, die Stationen der Wasserschutzpolizei von meinem Vorhaben vorsorglich zu unterrichten.

Als ich auf dem Bahnhof von Wittenberge die Fahrkarte lösen wollte, wußte ich nicht, welchen Zielbahnhof ich anzugeben hatte. Ich studierte die „Übersichtskarte zum amtlichen Kursbuch der Deutschen Reichsbahn" und fand bloß bestätigt, was ich ohnehin wußte – daß am Elbufer keine Bahnstrecke entlang führt. Das hat seine Ursachen in der mangelhaften Tragfähigkeit des Bodens und in den Überschwemmungen, denen diese Uferlandschaft allzuhäufig ausgesetzt ist. Zwar wollte ich gern wieder so nahe wie möglich zum Ausgangspunkt meiner Bahnfahrt zurückkehren, – schließlich begnügte ich mich aber mit der Station Dannenberg. Der Bahnhof Dannenberg-Ost ist auf der erwähnten Karte „so gut wie" am Elbufer gelegen.

An Ort und Stelle erwies es sich dann freilich, daß das Städtchen statt dessen direkt an der Jeetzel, einem sanften Wiesenflüßchen, liegt. Die Jeetzel war glücklicherweise befahrbar und mündete nach zehn Kilometern Schlängelweg bei Hitzacker in den Strom. Ich mochte kaum glauben, daß ich mich nun endlich wieder im alten Fahrwasser bewegte, so wenig glich das Landschaftsbild allem bis dahin Erschauten. Richtig, Nadelwälder hatten auch schon in der Sächsischen Schweiz die Ufer gesäumt, – aber wie sehr unterschieden sich diese Waldhügel hier vom Geklüft und Getürm des Elbsandsteingebirges! Ich kann den Wesensunterschied schwerlich besser kennzeichnen, als wenn ich vom femininen Gegenstück spreche. Nichts von Ecken und Kanten! Nichts von Schroffen und Schründen! Sanftrundliche Schwünge, ein Hügelreigen, keine Wachtparade. Das wich schmollend zurück, anstatt trotzig vorzuspringen, das schmeichelte, statt zu „dräuen": Wahrhaftig, käme die Loreley an die Elbe zu Gast, hier, nicht auf der Bastei, ließe sie sich nieder! Mein Boot glitt dahin, der Zauber verblich, ein ausnehmend schöner Tag neigte sich dem Abend zu. [...]

Reinhard Höhne (1913–1967)

Abschied von einer Stadt: Wittenberge

Als ich dich verließ, stach Sturm durchs Geländer der Brücke.
Rauchfahnen hingen dir wirr ins Gesicht wie schmutziges Haar.
Häßliche Schöne! Mit der Kette der Abschiedsblicke
Bind ich für immer dich an mich – mein Herz ist ein Archivar:

Als ich dich verließ, sind Eisschollen nordwärts geschwommen;
Um sie haben sich rötliche Schaumballen tänzelnd gedreht,
Speichel des Werks, die aus Röhrenmund stoßweise kommen.
Du hast mir als Abschiedgruß Gestank wie von Lumpen
geweht ...

Dumpf klapperten über die Elbe die steinernen Platten
Der Brücke, die sich den Rädern als Tamburin spannt.
Dann nahmen Wolken mich in ihren wandernden Schatten.
Von einer spröden Geliebten, unglücklich geliebt –
plötzlich hab ich mich abgewandt!

Adolf Endler (1930–2009)

Der Glanz von Lauenburg

Lauenburg ist mit einem brillantem Lack überzogen, und zwar sehr gleichmäßig: Denn unter dieser Lackschicht haben nicht nur die Fachwerkhäuser von Anno 1650 ihr Gesicht jung erhalten, sondern auch das (ich traue meinen Augen nicht) „Kaiserliche Postamt" und die Ortsschilder mit der Aufschrift: „Herzogtum Lauenburg".

Das Städtchen ist offenbar ein beliebter Ausflugsort für die Hamburger. Ich sah eine Menge hochmoderner Autos an der Elbe parken. Sie glänzten sehr. Vielleicht schienen mir sie deswegen gar nicht so stark mit den bunten, altertümlichen Häuschen der Unterstadt zu kontrastieren. Nur vor das Kaiserliche Postamt hätten eigentlich ein paar wilhelminische Benzinkutschen gehört.

Auf meiner Wanderung durch das alte Stadtviertel erlag ich willig dem freundlichen Zauber alter Fachwerkhäuser, sorglich mit Ölfarbe oder wetterbeständiger Bronze nachgezogener Inschriften, grasgrüner Fensterläden und brandroter Dachziegel. Und wiederum tat es mir leid, daß ich mir mit keinem Vorwand einen Einblick in das Innere irgendeines dieser Schmuckkästchen zu erlisten verstand, um zu erfahren, wie es eigentlich unter diesen Dächern mit der Traulichkeit und Erbaulichkeit bestellt sei.

Zugängig war mir zu guter Letzt nur eine Gaststätte. Der Besuch lohnte. Ich genoß einen schönen Ausblick auf den Elbstrom; denn da saß ich nun in einem der Uferhäuschen, die mich schon bei meiner Ankunft so einladend angelacht hatten. Nur ungern kürzte ich meinen Aufenthalt ab, um meine fahrende Habe für das Nachtquartier herzurichten.

Ich tat recht daran, hier in der Abenddämmerung noch einmal einzukehren, denn nun konnte ich zusehen, wie unmittelbar unter dem Aussichtsfenster ein Elbfischer mit seinen Gehilfen die Netze für die Nacht gegen die Strömung aufstellte. Die Männer arbeiteten schwer in ihrem schwankenden Boot, ehe die ungefügen Rahmen senkrecht in der Strömung verankert waren. Als sie zurückfuhren, schaukelten Bojen über dem Fangplatz und eine Warnlaterne blinkerte wie ein Irrlicht über den Wellen. Das Einholen der Netze verschlief ich am anderen Morgen; aber das Erlebnis des Sonnenaufgangs, das Aufdämmern des weiten Marschlandes jenseits des gleißenden Stromes, versäumte ich nicht, als ich auf der Aussichtsterrasse der Oberstadt von Lauenburg Abschied nahm.

Reinhard Höhne (1913–1967)

Vielvölkerland Elbe

11. Die Ozeanküste bewohnen nördlich der [Kleinen] Brukterer die Friesen bis zur Ems; nach diesen folgen die Kleinen Chauker bis zur Weser, dann die Grossen Chauker bis zur Elbe [...].

15. Von den im Innern des Landes wohnenden Völkern sind die grössten das Volk der Angilischen Sueben, die sich östlich der Langobardischen Sueben nach Norden bis zur Mitte der Elbe erstrecken, dann das Volk der Semnonischen Sueben, die jenseits der Elbe vom eben genannten Teil nach Osten bis zum Fluss Suebus reichen, und das Volk der Burgunder, die das anschließende Gebiet bis zur Weichsel bewohnen. [...]

19. Südlich der Silingen aber wohnen zu beiden Seiten der Elbe die Kalukonen, südlich von ihnen die Cherusker und Chamaver bis zum Melibocum-Gebirge.

20. Östlich von ihnen wohnen um die Elbe die Bänochämen [Baginochämen], nördlich von ihnen die Batiner, und noch weiter nördlich von diesen, am Fusse des Asciburgium-Gebirges, die Korkonter und Burischen Lugier bis zum Quellgebiet der Weichsel. [...]

23. Südlich der Chamaver aber wohnen die Chatten und Tubanter, und nördlich des Sudeta-Gebirges die Teuriochämen, südlich des Gebirges aber die Varister (Narister); danach folgt der Gabreter-Wald / Böhmerwald.

Klaudios Ptolemaios (ca. 100 – ca. 170 n. Chr.)

Die Heimat

O Elb', an deinen Ufern aufgewachsen,
In deinen Buchten, deinen grünen Ebnen,
Und nun versetzt ins Mittelland der Sachsen,
Zu dem von Berg und Hügeln eng umgebnen,
Hab' ich, geschieden von der Heimat Freuden,
Am Weh der Heimat oft und viel zu leiden.

Da bleibt kein Trost, als innig mich versenken
In meiner Kinderzeit beglückte Stunden
Und jenes bunten Lebens zu gedenken,
Das rückwärts unerreichbar mir entschwunden,
O süßer Traum! – Was ich als Knabe sah,
Ist meinem Geist lebendig wieder nah.

Ich seh' die Elbe, wie sie glänzend wallt,
Den stolzen prächt'gen Strom, von solcher Breite,
Daß starkes Rufen kaum hinüberschallt
Vom Strande hüben bis zur andern Seite.
Ein mannigfalt'ges frisches Wasserleben
Fühl' ich, als wär' ich dort, lebendig mich umgeben.

Die Bekassine streicht am Ufer hin,
Und setzet sich nach kurzer Strecke wieder,
Auf von der Sandbank weiße Möwen fliehn,
Die mit Geschrei sich schwingen auf und nieder,
Und wilde Enten, aufgescheucht durch Stimmen,
Ziehn überhin, wenn zahme ruhig schwimmen.

Es fehlt dem Strande nicht an Schilf und Weiden,
An Netzen nicht, die in der Sonne hängen,
An heitern Dörfern nicht zu beiden Seiten,
Wo Schiffe ruhn, woran sich Kähne drängen;
Nicht fehlt's an Kindern, die im Sande spielen,
An Menschen nicht, die hier sich glücklich fühlen.

Es nährt der Strom, der fette Boden nähret,
Hier ist der Frösche, hier der Störche Land,
Die jedes Jahr, sobald der Sommer kehret,
Vom fernen Nil den Flug hieher gewandt;
Auf Dächern friedlich siehst du Nest bei Neste,
Und jeder liebt die rotgebeinten Gäste.
[…]

Johann Peter Eckermann (1792–1854)

Die Strömung

Die Strömung strömte Süd-Nord-West
Und bog sich dann im Bogen
In ihrer Mitte kam ein Rest
Von einem Boot gezogen

Dann kam ein Wasserleichelchen
Es war von außen offenbar
Noch ziemlich frisch,
Dahinter trieb ein Speichelchen

Das abgesondert war
Von einem Fisch.
Dem folgte sehr viel Kohlendreck
Das Wasser wurde trüber.
Dann gondelte verdorbener Speck
Fischunterzupft vorüber.

Dann trieb ein Balken stumpf vorbei
Dann nichts, dann ein Stück Dichtung,
Ein Flaschenkork und andrerlei, –
Alles in gleicher Richtung.

Dann kam ein Rest von einem Boot.
Ihm folgte eine gelbe

Chinesenleiche, stark zersetzt.
Und alles, was ich sah, war tot,
War unbedeutend und zuletzt
Im Grunde stets dasselbe.

Joachim Ringelnatz (1883–1934)

HAMBURG: ANKUNFT UND ABFAHRT

Eine Flussgeographie des Unterlaufs

Drei Meilen oberhalb Hamburg beginnt sich die Elbe zu theilen. Vier Arme umschließen und durchfließen die 2 M. [Meilen] breiten Vierlande. Der stärkste südliche Arm zerspaltet sich oberhalb Harburg noch vielfach; zwischen Harburg und Hamburg ist ein Gewirr von Flußarmen und Flußinseln. Bei Blankenese sind alle Arme wieder vereinigt und der Strom ⅓ M. breit. Bis zur Mündung hat er noch 12 M., aber die Gezeiten sind schon weit oberhalb Hamburg bemerkbar. Der Seeschiffe tragende Niederhafen dieser Stadt hat bei der Ebbe 6–18, zur Flutzeit 13–22' Tiefe. Von Blankenese abwärts erweitert sich der Fluß immer mehr: er ist an der Mündung bei Cuxhaven, wo die Flut 9½' steigt , 2–3 M. breit. Doch hat bei der Menge an Sandbänken und Untiefen das eigentliche 24–28' tiefe Fahrwasser nur eine geringe Breite und ist sorgsam bezeichnet.

Hermann Adalbert Daniel (1812–1871)

Nebenarme bei Vierlande

Ich war wohl gewärtig, daß sich die Wirkung von Ebbe und Flut auf der Weiterreise immer stärker bemerkbar machen würde. Trotzdem hatte ich es unterlassen, in Geesthacht den Tidekalender zu studieren. Was konnte es viel verschlagen, wenn ich nun auch einmal stromabwärts gegen die Strömung angehen mußte? Ich wollte ja den Fluß ohnehin noch vor Zollenspieker verlassen.

Ich war vielerseits eindringlich davor gewarnt worden, angesichts der Hamburger Elbbrücken etwa übermütig zu werden und den Seemann zu mimen. Alle Welt hatte mir vorausgesagt, daß sich der Schlußakt einer solchen Donquichotterie unter der hilfreichen Regie der Wasserschutzpolizei vollziehen werde. So erwählte ich mir den Vorhafen Rotheburgsort zur Endstation meiner Bootsfahrt. Ich hätte ihn geradenwegs erreichen können, indem ich dort, wo sich der Strom in die Süder- und Norderelbe teilt, einfach nördlichen Kurs nahm. Aber auf diese Weise wäre ich an dem großen Obst- und Gemüsegarten der Vierlande vorübergefahren, ohne unterwegs mehr als hohe Deiche zu sehen. Statt dessen gedachte ich mir den Umstand zunutze zu machen, daß die Vierlande von einem schiffbaren Nebenarm des Stromes, der Doven Elbe, durchquert werden, der drei Kilometer vor Rothenburgsort, bei Billwärder, in die Norderelbe einmündet. Jetzt galt es allerdings, die Stelle zu entdecken, an der die „Dove Elbe" früher einmal vom Hauptstrom abgezweigt war, früher, bevor der hohe Elbdeich die Einfahrt abgeriegelt und damit den Nebenarm „dov", also „taub", gemacht hatte. Das sollte wohl bereits etwa auf der Höhe von Altengamme gewesen sein. [...]

Die Vierlande werden auch noch von einem zweiten alten Elbarm bewässert. Der Landstreifen, den beide Wasserläufe durchfließen, ist anfangs bis zu drei Kilometer breit und verläuft genau in nordwestlicher Richtung. Als ich die Ausläufer von Bergedorf passiert hatte, war ich schon auf halbem Wege zur Mündung der Gose Elbe in die Dove Elbe. Wiesenstreifen säumten das Ufer. Zwischen Gebüsch und unterm Geäst dichtbelaubter Baumriesen waren zuweilen riedgedeckte Bauernhäuser hingelagert. Mich überraschten Bilder, die an Spreewaldidyllen erinnerten. Aber bei Allermöhe ernüchterte sich der Landschaftscharakter unvermittelt, und im kahlen Gelände spießten, weithin versträut, Erdölbohrtürme in den grauen Himmel.

Reinhard Höhne (1913–1967)

An der Kaimauer

Mo. 11.2. Ganze Landschaft ein weißer Mummenschanz. Am Elbufer Staucheis u. lebenslustig zwischen den übermannshohen Blöcken herumgekraxelt. An der Kaimauer neue Spraybilder: eine Horde von blauen Schlangentänzern um eine glutrote Feuerstelle herum, kraß, kraftvoll, naiv, aus reiner Dollerei u. ohne Documentaanspruch an die Wand geschmissen, unser alternatives Altamira.

Peter Rühmkorf (1929–2008)

München – Hamburg – Altona – Amerika

Denn von München bis nach Hamburg hin,
Dritter Klasse, ist kein rechter Schlaf.
Ob Artist, ob müde oder Schaf –
Jedenfalls: ich merke steif: ich bin.
Aber grüßt mich in Hannover
Schon ein kühles, blondes Lineal.
Elbe abwärts, über den Kanal
Weht ein frischer Wind nach Dover.
Denn dies Hamburg liegt nicht weit vom Meere,
Wohinein der Binnenländer sticht.
Und am Dammtor stehen Leip und Kläre,
Die wie Whiskysoda zu mir spricht.
Und ich melde dann
Mich bei Dir an Deck,
Dicker, treuer Kaptein Muckelmann.
Und du lächelst über mein Gepäck.
Abends lassen wir uns hin und her

Bis nach Altona
Durch die Hafenkneipen treiben
Nur damit wir unserm Peter Scher
Nach Amerika
Eine schöne Ansichtskarte schreiben.

Joachim Ringelnatz (1883–1934)

Die Elbe

Blick von Blankenese

Links liegt Hamburg. Da, wo der viele Dunst liegt. Und der kommt von dem vielen Lärm, von den Menschen und der Arbeit, die da sind in Hamburg.

Drüben liegt Finkenwerder. Aber Finkenwerder ist klein, denn es liegt da ganz drüben, und dazwischen liegt der Strom. Und drüben, das ist ziemlich weit.

Rechts liegen noch ein paar Häuser und manchmal eine Straße oder ein Graben. Und dann liegt da nachher bald die Nordsee. Und da liegt viel Dunst. Von dem vielen Wasser, das da ist.

So ist das links, drüben und rechts. Hamburg und Finkenwerder und die Nordsee. Und hinten?

Hinten liegen ein paar Wiesen und ein paar Wälder. In den Wiesen und den Wäldern liegen Kühe, Kuhfladen, Nebel, Nächte. Liegen Kaninchen, Sonne, Heidekraut und Pilze. Hin und wieder liegen Strohdächer dazwischen, Misthaufen, Fuchslöcher, Regenpfützen und Knickwege. Aber sonst nicht viel. Und nachher liegt da auch bald Dänemark.

Oben liegt der Himmel und da liegen die Sterne drin.

Darunter liegt die Elbe. Und da liegen auch Sterne drin. Dieselben Sterne, die im Himmel liegen, liegen auch in der Elbe. Vielleicht sind wir gar nicht so weit ab vom Himmel. Wir in Blankenese. Wir in Barmbek, in Bremen, in Bristol, Boston und Brooklyn. Und wir hier in Blankenese. Aber man muß die Sterne natürlich sehen, die hier unten schwimmen, in der Elbe, im Dnjepr, in der Seine, im Hoangho und im Mississippi.

Und die Elbe? Die stinkt. Stinkt, wie eben das Abwasser einer Großstadt stinkt: nach Kartoffelschale, Seife, Blumenvasenwasser, Steckrüben, Nachttöpfen, Chlor, Bier und nach Fisch und nach Rattendreck. Danach stinkt sie, die Elbe. Wie eben das Spülwasser von ein paar Millionen Menschen nur stinken kann. So stinkt sie aber auch. Und sie läßt keinen Geruch aus, der auf der Welt vorkommt.

Aber die sie lieben, die weit weg sind und sich sehnen, die sagen: Sie riecht. Nach Leben riecht sie. Nach Heimat hier auf der verlorenen Kugel. Nach Deutschland. Ach, und sie riecht nach Hamburg und nach der ganz großen Welt. Und sie sagen: Elbe. Sie sagen das weich und wehmütig und wollüstig, wie man einen Mädchennamen sagt. So: Elbe!

Früher gab es riesige Schiffe. Dampfer, Kästen, Paläste, die einen übermütigen tränenlosen Abschied riskierten. Die abends wie gewaltige Wohnblocks, wie kühn konstruierte, schmal geschnittene phantasievolle gigantische Etagenhäuser im Strom lagen und träge und weltsatt und meermüde gegen die nächtlich erregten Kais trieben. Die gab es früher, diese zyklopischen schwimmenden Termitenberge, von Millionen Glühwürmchen erleuchtet, gemütlich, großmütig und geborgen glimmend, grün und rot und hektisch weißglühend. Sie konnten mit lärmender Blechmusik eine turbulente tränenlose tolle Ankunft riskieren. Ankunft und Ausfahrt: Mutige Blechmusik. So war das damals. Gestern.

Ob sie voll Fernweh und Macht und Mut ausfuhren auf die weiten Wasser der Welt – oder ob sie voll Weltatem und Weltwaren und Weisheit heimkamen von den Teichen zwischen den Kontinenten: Immer lagen sie voll Mut im Elbstrom, Titanen hinter den hustenden Schleppern, schimmernd aus dem Qualm der Barkassen aufragend, Festungen, unantastbar, gebirgig, übermütig. Immer funkelte ein Übermaß an Mut aus den tausend bulläugigen Fenstermäulern. Immer zitterte ein Überschuß an Freude aus den Messingmäulern ihrer Mußidenn-Kapellen. Immer war es eine Überfülle an Kraft, die aus den stolzen Mäulern der Schornsteine stob und schnob, stampfte und dampfte. Kraft, die weißluftig aus den karpfenmäuligen Sirenenohren zischte. Lachende lustvolle lebendige Elbe!

So war das. Damals. Gestern.

Aber manchmal gibt es Zeiten, und sie liegen grauer als der graue Dunst Hamburgs über der uralten ewigjungen Elbe, dann sind der Mut und die Freude und die Kraft auf See geblieben, dann sind sie an fremden, kalten, wüsten Küsten verschollen. Dann sind sie überfällig, die Freude, der Mut und die Kraft.

Das sind die dunstgrauen, die nebelgrauen, die weltgrauen Zeiten, in denen es vorkommen kann, daß kleine weiße aufgeschwemmte Menschenwracks auf den graugelben schmuddeligen Sand von Blankenese oder Teufelsbrücke geworfen werden. Dann passiert es, daß vollgelaufene fischig-stinkende menschfremde Tote gegen das Schilf von Finkenwerder oder Moorburg knistern und wispern. Dann geschieht es, daß an diesen grauen Tagen Liebende, Ungeliebte, Verzweifelte, Müde, Todestraurige, Selbstmordmutige, denen der Mut zum Leben ausging – Freudlose und Freundlose, Kraftlose, die nur noch einen Freund im Elbstrom hatten, die nur noch die Kraft zum Tod hatten – daß diese, das geschieht dann in den grauen Nächten, daß diese von Elbwasser Besoffenen, die sich am Elbwasser zu Tode berauschten, dumpf und drohend gegen die Pontons von Altona und den Landungsbrücken stoßen. Rhythmisch dumpfen sie dagegen, eintönig, gleichmäßig wie Atem. Denn der Wellengang der Elbe, der Stromatem, ist nun ihr Rhythmus – das Wasser der Elbe ist nun ihr Blut. Und dann klatschen in den grauen Nächten die kalten kalkigen Menschenleichen klagend gegen die Kaimauern von Köhlbrand und Athabaskahöft. Und ihre einzige Blechmusik sind die blechernen Möwenschreie, die geil und voll Gier über den Menschenfischen schwirren. So ist das in den grauen Zeiten.

Meerhungrige Riesenkästen, ozeansüchtige Wohnblocks, winderfahrene Paläste voll Ausfahrt und Ankunft mit lärmender Blechmusik dickbäuchiger Messingkapellen –

Wassersüchtige Menschenwracks, todsehnende Lebendige, wellenvertraute wellenverliebte Wasserleichen voll Abschied und Endgültigkeit mit einsamen Blechschrei schmalflügeliger Lachmöwen:

Lustvolle leidvolle Elbe! Lustvolles leidvolles Leben!

Aber dann kommen die unauslöschlichen, die unaustilgbaren, die unvergeßlichen Stunden, wo abends die jungen Menschen, von der Sehnsucht nach Abenteuern randvoll, auf den geheimnisvollen Holzkästen stehen, die den geheimnisvollen Namen Ponton haben, einen Namen, der schon drucksend und glucksend all ihr zauberhaftes Heben und Senken vom Atem des Stromes verrät. Immer werden wir wieder auf den sicheren schwankenden Pontons stehen und eine Freude in uns fühlen, einen Mut in uns merken und eine Kraft in uns kennen. Immer wieder werden wir auf den Pontons stehen, mit dem Mut zum Abenteuer dieses Lebens, und den Atem der Welt unter-unseren Füßen fühlen.

Über uns blinkt der große Bär – unter uns blubbert der Strom. Wir stehen mittenzwischen: Im lachenden Licht, im grauen Nebel der Nacht. Und wir sind voll Hunger und Hoffnung. Wir sind voll Hunger nach Liebe und voll Hoffnung auf Leben. Und wir sind voll Hunger auf Brot und voll Hoffnung auf Begegnung. Und wir sind voll Hunger nach Ausreise und voll Hoffnung auf Ankunft.

Immer wieder werden wir in den grauen Zeiten auf den mürbeduftenden schlafschaukelnden lebenatmenden Pontons stehen mit unserem heißen Hunger und mit unserer heiligen Hoffnung.

Und wir wünschen uns in den grauen Zeiten, den Zeiten ohne die schwimmenden Paläste, voll Mut auf den kleinen Motorkahn, auf den Fischfänger, den Küstenkriecher, wünschen uns ein brennendes Gesöff ins Gedärm und eine weiche warme Wolle um die Brust und ein Abenteuer ins Herz. Wünschen uns voll Mut zur Ausfahrt, voll Mut zum Abschied, voll Mut zum Sturm und zum Meer.

Und wir wünschen uns (in diesen grauen Zeiten, wo es die großen Kästen nicht gibt) muskelmüde auf die heimkommenden kleinen Fischkutter, die mit asthmatischen Gepucker im Leib die Elbe reinkommen, um einmal so voll von Heimkehr, voll Fracht und Erfahrung sein zu können. Um einmal die Stadt des Heimwehs, die Stadt der Heimkehr im Blut zu haben, herrlich, schmerzlich Hamburg zu schreien, zu schluchzen – einmal voll Nachhausekommen zu sein. Und wir wünschen uns zerschlagen und windmüde auf die kleinen Fischkutter, schwatzend, schrubbend, schimpfend oder schweigend – wünschen uns die Lust, die unfaßbare Tränenlust, einmal Heimkehrer zu einer Hafenstadt zu sein.

Und wenn wir abends auf den wiegenden Pontons stehen – in den grauen Tagen – dann sagen wir: Elbe! Und wir meinen: Leben! Wir meinen: ich und du. Wir sagen, brüllen, seufzen: Elbe – und meinen: Welt! Elbe, sagen wir, wir Hoffenden, Hungernden. Wir hören die metallischen Herzen der kleinen tapferen armseligen ausgelieferten treuen Kutter tuckern – aber heimlich hören wir wieder die Posaunen der Mammutkähne, der Großen, der Gewaltigen, der Giganten. Wir sehen die zitternden kleinen Kutter mit einem roten und einem grünen Auge abends im Strom – aber heimlich sehen wir wieder, wir Lebenden, Hungernden, Hoffenden, die bulläugigen lichtverschwendenden blechmusikenen Kolosse, die Riesen, die Paläste.

Wir stehen auf den abendlichen schaukelnden Pontons und fühlen das Schweigen, den Friedhof fühlen wir und den Tod – aber tief in uns hören wir wieder das Gewitter, das Gedonner und Gedröhn der Werften. Tief in uns fühlen wir das Leben – und das Schweigen über dem Strom wird wieder platzen, wie eine Lüge, von dem Lärm, von der Lust des lauten Lebens! Das fühlen wir – tief in uns abends auf den flüsternden Pontons.

Elbe, stadtstinkende, kaiklatschende schilfschaukelnde sandsabbelnde möwenmützige graugrüne große gute Elbe!

Links Hamburg, rechts die Nordsee, vorn Finkenwerder und hinten bald Dänemark. Um uns Blankenese. Über uns der Himmel. Unter uns die Elbe. Und wir: Mitten drin!

Wolfgang Borchert (1921–1947)

Spiegelbild Elbe

Niemand anderes als Karl Joswig, ein zierlicher, scheuer Mann, hat mich zur Strafarbeit eingeschlossen.

Obwohl ich fast einen Tag lang so sitze, kann und kann ich nicht anfangen: schau ich zum Fenster hinaus, fließt da durch mein weiches Spiegelbild die Elbe; mach ich die Augen zu, hört sie nicht auf zu fließen, ganz bedeckt mit bläulich schimmerndem Treibeis. Ich muß die Schlepper verfolgen, die mit krustigem, befendertem Bug graue Schnittmuster entwerfen, muß dem Strom zusehen, wie er von seinem Überfluß Eisschollen an unseren Strand abgibt, sie hinaufdrückt, knirschend höherschiebt bis zu den trockenen Schilfstoppeln, wo er sie vergißt. Widerwillig beobachte ich die

Krähen, die, scheint's, eine Verabredung bei Stade haben: von Wedel her, von Finkenwerder und Hahnöfer-Sand schwingen sie einzeln heran, vereinigen sich über unserer Insel zu einem Schwarm, steigen und wenden in verwinkeltem Flug, bis sie sich auf einmal einem günstigen Wind anbieten, der sie nach Stade wirft. Das knotige Weidengebüsch lenkt mich ab, das glasiert ist und mit trockenem Reif gepudert; der weiße Maschendraht, die Werkräume, die Warntafeln am Strand, die hartgefrorenen Klumpen des Gemüselandes, das wir im Frühjahr unter Aufsicht der Wärter selbst bebauen: alles und sogar die Sonne lenkt mich ab, die, wie durch Milchglas getrübt, lange, keilförmige Schatten fordert.

Siegfried Lenz (geb. 1926)

Der Traum

(In der Elbe. Eintöniges Klatschen kleiner Wellen. Die Elbe. Beckmann.)

BECKMANN: Wo bin ich? Mein Gott, wo bin ich denn hier?
ELBE: Bei mir.
BECKMANN: Bei dir? Und – wer bist du?
ELBE: Wer soll ich denn sein, du Küken, wenn du in St. Pauli von den Landungsbrücken ins Wasser springst?
BECKMANN: Die Elbe?
ELBE: Ja, die. Die Elbe.
BECKMANN (*erstaunt*): Du bist die Elbe!
ELBE: Ah, reißt du deine Kinderaugen auf, wie? Du hast wohl gedacht, ich wäre ein romantisches junges Mädchen mit blaßgrünem Teint? Typ Ophelia mit Wasserrosen im aufgelösten Haar? Du hast am Ende gedacht, du könntest in meinen süßduftenden Lilienarmen die Ewigkeit verbringen. Nee, mein Sohn, das war ein Irrtum von dir. Ich bin weder romantisch noch süßduftend. Ein anständiger Fluß stinkt. Jawohl. Nach Öl und Fisch. Was willst du hier?
BECKMANN: Pennen. Da oben halte ich es nicht mehr aus. Das mache ich nicht mehr mit. Pennen will ich. Tot sein. Mein ganzes

Leben lang tot sein. Und pennen. Endlich in Ruhe pennen. Zehntausend Nächte pennen.

ELBE: Du willst auskneifen, du Grünschnabel, was? Du glaubst, du kannst das nicht mehr aushalten, wie? Da oben, wie? Du bildest dir ein, du hast schon genug mitgemacht, du kleiner Stift. Wie alt bist du denn, du verzagter Anfänger?

BECKMANN: Fünfundzwanzig. Und jetzt will ich pennen.

ELBE: Sieh mal, fünfundzwanzig. Und den Rest verpennen. Fünfundzwanzig und bei Nacht und Nebel ins Wasser steigen, weil man nicht mehr kann. Was kannst du denn nicht mehr, du Greis?

BECKMANN: Alles, alles kann ich nicht mehr da oben. Ich kann nicht mehr hungern. Ich kann nicht mehr humpeln und vor meinem Bett stehen und wieder aus dem Haus raushumpeln, weil das Bett besetzt ist. Das Bein, das Bett, das Brot – ich kann das nicht mehr, verstehst du!

ELBE: Nein. Du Rotznase von einem Selbstmörder. Nein, hörst du! Glaubst du etwa, weil deine Frau nicht mehr mit dir spielen will, weil du hinken mußt und weil dein Bauch knurrt, deswegen kannst du hier bei mir untern Rock kriechen? Einfach so ins Wasser jumpen? Du, wenn alle, die Hunger haben, sich ersaufen wollen, dann würde die gute alte Erde kahl wie die Glatze eines Möbelpackers werden, kahl und blank. Nee, gibt es nicht mein Junge. Bei mir kommst du mit solchen Ausflüchten nicht durch. Bei mir wirst du abgemeldet. Die Hosen sollte man dir strammziehen, Kleiner, jawohl! Auch wenn du sechs Jahre Soldat warst. Alle waren das. Und die hinken alle irgendwo. Such dir ein anderes Bett, wenn deins besetzt ist. Ich will dein armseliges bißchen Leben nicht. Du bist mir zu wenig, mein Junge. Laß dir das von einer alten Frau sagen: Lebe erst mal. Laß dich treten. Tritt wieder! Wenn du den Kanal voll hast, hier, bis oben, wenn du lahmgestrampelt bist und wenn dein Herz auf allen vieren angekrochen kommt, dann können wir mal wieder über die Sache reden. Aber jetzt machst du keinen Unsinn, klar? Jetzt verschwindest du hier, mein Goldjunge. Deine kleine Handvoll Leben ist mir verdammt zu wenig. Behalt sie. Ich will sie nicht, du gerade eben Angefangener. Halt den Mund mein kleiner Menschensohn! Ich will dir was sagen, ganz leise, ins Ohr, du, komm her: ich scheiß auf deinen Selbstmord! Du Säugling. Paß gut auf, was ich mit dir mache. (*laut*) Hallo, Jungens! Werft diesen Kleinen hier bei Blankenese wieder auf den Sand! Er will es nochmal versuchen, hat er mir eben versprochen. Aber sachte, er sagt, er hat ein schlimmes Bein, der Lausbengel, der grüne!

Wolfgang Borchert (1921–1947)

Was die Lady Ferdinand erzählt

Ferdinand (*wird nachdenkend und heftet wärmere Blicke auf die Lady*).

Lady (*fährt fort mit immer zunehmender Rührung*). Krank – ohne Namen – ohne Schutz und Vermögen – eine ausländische Waise, kam ich nach Hamburg. Ich hatte nichts gelernt, als das Bischen Französisch – ein wenig Filet und den Flügel – desto besser verstund ich, auf Gold und Silber zu speisen, unter damastenen Decken zu schlafen, mit einem Wink zehn Bediente fliegen zu machen und die Schmeicheleien der Großen Ihres Geschlechts aufzunehmen. – Sechs Jahre waren schon hingeweint. – Und die letzte Schmucknadel flog dahin – Meine Wärterin starb – und jetzt führte mein Schicksal Ihren Herzog nach Hamburg. Ich spazierte damals an den Ufern der Elbe, sah in den Strom und fing eben an zu phantasieren, ob *dieses Wasser* oder *mein Leiden* das *tiefste* wäre? – Der Herzog sah mich, verfolgte mich, fand meinen Aufenthalt, – lag zu meinen Füßen und schwur, daß er mich *liebe*. (*Sie hält in großen Bewegungen inne, dann fährt sie fort mit weinender Stimme*) Alle Bilder meiner glücklichen Kindheit wachten jetzt wieder mit verführendem Schimmer auf – Schwarz wie das Grab graute mich eine trostlose Zukunft an – Mein Herz brannte nach einem Herzen – Ich sank an das seinige. (*Von ihm wegstürzend*) Jetzt verdammen Sie mich!

Friedrich Schiller (1759–1805)

Kreuzen gegen Nordwest

Nun wölbt euch, große braune Segel, nun knarrt, ihr Gaffeln, schlagt, ihr Schoten, tanzt, Flögel! Wind muß wehen, Sonne muß lachen, Wasser muß blinken, auf daß die Freude in Klaus Störtebeckers Herz komme und er die Fahrt lieb gewinne, auf daß er ein Fahrensmann werde! Daß er sich dem Kampf mit der See verschwöre wie der Knabe Hannibal dem Kampf mit Rom, daß er auch dann zur See gehe, wenn sein Vater etwa vorzeitig bleiben sollte und seine Mutter einen Landmann aus ihm zu machen gedächte.

Denn *navigare necesse est* – Seefahrt ist notwendig, und bitter not ist es, daß das Lachen von Klaus Mewes nicht von der See weicht.

Sie hatten Nordwestwind und mußten kreuzen. Hinter dem Schweinesand, dwars von Wittenbergen, füllten sie das Wasserfaß mit frischem Elbwasser, wobei Störtebecker fleißig half, denn er konnte auch schon eine Pütze tragen. Bisher hatten sie nur die drei großen Segel stehen gehabt, nun setzten sie noch den Klüver, das Topsegel und den Nackenhut, um bessere Fahrt zu machen. Dann nahmen sie das Boot aus dem Wasser und stellten es auf die Luken unter den Giekbaum. Auch Störtebeckers Kahn wurde aufgehievt und bekam seinen Platz unter den Luken an Backbord. Hein Mück verstaute den Proviant in den verschiedenen Schappen. Es gab Enden aufzuschießen, sie hatten zu pumpen, das Deck zu schrubben und zu dweilen.

Schließlich aber war alles getan bis auf die Fahrt, bis auf das Segeln, bis auf das Kreuzen. Kap Horn legte sich zu Koje, weil er die Ruder bekommen sollte. Da stand denn Klaus Mewes am Ruder, und Hein Mück hockte vorn auf Deck, putzte den Kessel und die Gabeln und Messer und bediente die Fock, wenn der Ewer über Stag ging. Störtebecker saß auf den Luken. Seemann hatte den struppigen Kopf auf seinen Schoß gelegt und schlief.

Er guckte nach dem Großsegel hinauf, das ihm so hoch vorkam, daß er sich immer wieder wundern mußte. „Dat reckt bit inne Wulken, Vadder", sagte er, „uns Karkturm is nix dorgegen."

„Ree", rief sein Vater, wenn sie die Grenze des Fahrwassers erreicht hatten, und warf das Ruder herum, daß der Ewer gewaltig anluvte und in den Wind schoß. Dann sprang Hein Mück auf und hielt die heftig schlagende, wildwerdende Fock am Want fest, Klaus Mewes aber drängte den Besangiekbaum kräftig nach Luv. Das Großsegel schüttelte sich unwillig und haute erregt mit den Schotblocken, daß das Deck erzitterte, dann aber war der Ewer herum, die Segel fielen von der anderen Seite voll, und der neue Streek begann. „Gohn!" scholl es über Deck, Hein Mück löste das Tau und gab dem Block einen Fußtritt, daß die Fock nach Lee schlug, wo sie wieder festgebunden wurde.

So ging es die ganze Tide.

Hinter und vor ihnen waren viele Finkenwärder und Blankeneser unter Segel, aber der Laertes, der gut kreuzte, blieb doch vorn und ließ sich nicht überholen. So kreuzten sie gegen den allmählich stärker werdenden Nordwest, und Klaus Mewes zeigte seinem Jungen die Schiffe und Baken, die Tonnen und Feuertürme, die Deiche und Kirchtürme, er erklärte ihm Flaggen und Segel, er zeigte ihm die Windmühlen des Alten Landes, die Berghäuser von Blankenese („dat de dor no dolpurzelt!" sagte der Junge, als er sie in der Nähe sah), den Hahnöfersand mit den Krähennestern, den Lühdeich mit den vielen Kirschbäumen, die roten Dächer von Wedel, das Schulauer Feuerschiff, das Wrack beim hungrigen Wolf, von dem nur die Masten und ein Stück vom Steven aus dem Wasser ragten, Juels mit der weißen Bake, Brunshausen mit einem löschenden Neuyorker Dampfer und die Türme von Stade. [...]

Finkenwärder war außer Sicht gekommen und scheinbar auch schon aus dem Sinn, denn als Hein Mück einmal spöttisch fragte: „Hest ok all Heimweh?", da guckte Störtebecker ihn verwundert an, als hätte er ihn gar nicht verstanden. Auch als sein Vater einmal meinte: „Muchst ok all wedder no Hus hin, no Mudder?", da schüttelte er nur den Kopf wie im Traum und blickte nach den Segeln hinauf.

„Jä, ans müßt seggen, denn geeft wi di an en Jill af, den büst morgen wedder annen Diek!" setzte Klaus Mewes lauernd hinzu. Da fragte der Junge nach dem Feuerturm im Süden, um damit anzudeuten, daß er von solchem Schnack nichts wissen wollte.

Bis vor den Papensand kamen sie mit dem Elbstrom. Dort aber wogte und schäumte ihnen die Flut unwiderstehlich entgegen und zwang sie, zu Anker zu gehen. Das war in der Dämmerung. Sie ließen die Segel fallen, steckten das Staglicht an und aßen Abendbrot in der Kajüte. Als sie nachher noch mal nach draußen sahen, Störtebecker und sein Vater, merkten sie, daß sich viele Ewer zu ihnen gesellt hatten: Eine Schar wartender Fahrzeuge lag bei ihnen hinter den niedrigen Büschen des ungedeichten Eilandes, und die Lichter liefen auf dem Wasser spielend durcheinander. Der Himmel war von übereinandergetürmten Wolken umlagert wie von Alpen, und der kalte Nachtwind strich taubringend um die Wanten.

Dann kletterten die beiden Mewes in eine Koje und ließen sich von den glucksenden und klopfenden Seen so lange etwas erzählen, bis sie es nicht mehr hören konnten.

„Büst ok all bang, Störtebecker?" fragte Klaus Mewes, schon halb im Traum, aber der Junge antwortete nicht mehr: Er schlief schon.

Gorch Fock, eigentl. Johann Kinau (1880–1916)

Ein Wald von 1000 u. abermal 1000 himmelhohen Masten

Endlich lag sie vor uns, diese steinerne Welt mit ihren Palästen u. Thürmen, u. ein Wald von 1000 u. abermal 1000 himmelhohen Masten, gleich einem wilden Windbruche, deuteten uns den Hafen. Je näher wir demselben kamen, desto öfterer überraschten uns Ungeheuer von Schiffsgerippen, die am Ufer ausgebeßert wurden. Endlich langten wir im *Hafen* an. Welchen Eindruck dieses seltsame in der Welt einzigartige Schauspiel auf uns machte ist unbeschreiblich. Mit staunendem Entzücken fuhren wir in das tosende Chaos hinein, wie eine fremde Feenwelt umschlossen uns rings die ungeheuren Seepaläste. Hier wurde gezimmert, dort gerudert, dort klommen Matrosen an den Masten hinan, hier schwebten andere am Tauwerke zwischen Himmel u. Waßer, und ein dumpfes Getöse von 1000 Stimmen in hunderterlei Sprachen tönte darein. Nachdem wir bey einer Warte von einem hamburger Stadt-Offiziere ein Examen rigorosum überstanden hatten, landeten wir endlich, u. unser

Engländer führte uns alsobald in eine gute Auberge (in den Schwarzen Adler neben der preuss. Post) wo wir ein eignes Stübchen bekamen. Hier bot uns das Gewühle von eleganten Equipagen u. Menschen aus allen Nationen ein neues interessantes Schauspiel dar, u. wir waren anfangs von dem Leben und Treiben dieses ungeheuren Gantzen halb betäubt. Nicht weniger frappirte uns auch die hiesige Lebensweise, welche ein Vorspiel Londons ist. Nirgens nemlich wird hier vor halb 4 zu Mittag u. zu Abend gegeßen. Bier, als gewöhnlichen Trank, scheint man hier nicht zu kennen, überall wird durchaus Rothwein getrunken. Wir speißten immer in unserem Hause an dem glänzenden Table d'hote, wo wir das Vergnügen hatten, Menschen in 8terlei Sprachen auf einmal sprechen zu hören. (Die 2 schwedischen Diklinge, die rusticalischen Engländer mit ihrer Mignon, die Champagner-Franzosen, der dike Wirth, der dänische Husarenoffizier.) Abends besuchten wir das deutsche Theater, das dem breslauer sehr ähnlich, nur größer u. schöner ist; es wurde eben der Ring von Schröder gut gegeben, und – – Herr Herbst aus Breslau spielte eine Gastrolle. Unsere Verirrungen nach der Comödie.

Darauf hatte unser Engländer die Gefälligkeit, uns zu den merkwürdigsten Orten der Stadt, als auf den Jungfernstieg, auf die *Wälle*, mit den herrlichen Aussichten u. zur *Börse* zu führen. Der *Jungfernstieg* verdient wegen seiner vorzüglichen Schönheit nähere Erinnerungs-Merkmale: Es ist eine große breite Straße, an der einen Seyte von schönen Häusern, von der anderen von einem großen Teiche begränzt, welcher wieder zu beyden Seiten von der Stadt u. im Hintergrunde von den treflichen Wällen eingeschloßen wird. Auf dem Teiche befinden sich mehrere Schwanenhäuschen, u. schöne auf modernen niedlichen Schiffen schwimmende Coffeehäuser. Der Jungfernstieg selbst ist mit mehreren Reyhen Aleen u. Pavillons (z. B. Coffeé chinois etc.) geziert, u. wimmelt durch alle Stunden des Tags von Spazierengehenden. Abends besuchten wir das *französische Theater*, das ein Tummelplatz der hiesigen Bonvivants zu seyn scheint. Es wurde eben: La maison à vendre, Le calif de Bagdad und: ––– gegeben. Sehr angenehm unterhielt uns hier das ungewohnte Sprech-Singen, u. die leichte adrette Action der Schauspieler, besonders im ersten Stüke. NB: Am Morgen dieses heutigen Tages, eh wir mit dem Engländer ausgiengen, besahen wir auch den merkwürdigen hiesigen *Fischmarkt*, wo man die seltsamsten Seefische in Hauffen beysammen sieht, (die kleinen platten Rochen – das alte Weib smoke a pipe of Tabacco etc.) u. labten uns an dem Anblike des Hafens, der in seiner gantzen verwirrten Ordnung vor uns tobte u. brauste. Darauf wandelten wir auf den Wällen längst dem Ufer der Elbe hin, wo wir die schönsten Aussichten auf den Strom u. die Seeschiffe genoßen, in der Absicht: nach Altona zu gehen; wir verirrten uns aber endlich in ein romantisches Garten-Thal voll düstrer Lauben u. Grotten so angenehm, daß wir es keineswegs bedauerten, den rechten Weeg verfehlt zu haben.

Joseph von Eichendorff (1788–1857)

Himmel grau

Himmel grau und wochentäglich!
Auch die Stadt ist noch dieselbe!
Und noch immer blöd und kläglich
Spiegelt sie sich in der Elbe.

Lange Nasen, noch langweilig
Werden sie wie sonst geschneuzet,
Und das duckt sich noch scheinheilig,
Oder bläht sich, stolz gespreizet.

Schöner Süden! Wie verehr ich
Deinen Himmel, Deine Götter,
Seit ich diesen Menschenkehricht
Wiederseh, und dieses Wetter!

Heinrich Heine (1797–1856)

Margareta Klopstock an ihren Mann

den 4ten Aug. 1758. abends um 9 Uhr

Guten Abend, Maus. Ich komme von einem sehr schönen Abend u. einem angenehmen Garten zu Hause. Ich bin nach meiner Art viel spatziert. Und wie ich mich zum Spiel setzte, da war meine Stelle so, daß ich beständig auf die grosse breite Elbe sah (denn hier ist sie breit) Du kannst denken, daß die Elbe mir immer die Ostsee war. Ach wie unaufhörlich habe ich an dich gedacht! Wie sah ich alle Schiffe an, als wenns deins wär! (Du hast doch ein gutes Schif, das nicht lek ist, wie der Bergern ihrs?) Der heßliche Wind aber war immer contrair! Er ging mal ein bischen um, aber nur nach Norden, u. gleich ward er wieder ost. [...]

Margareta Klopstock (1728–1758)

Fische, wie ein Raubfisch

Hamburg, den 6ten Juni 1778

Werteste Madam,

Glücklich, lustig, obleich unter ein paarmal hunderttausend Ohrfeigen in *ein Gesicht*, das wir aber niemanden zu zeigen brauchen, sind wir diesen Morgen um halb 4 Uhr in Harburg und um 12 des Mittags in Hamburg glücklich angelangt. Weil uns die Ebbe übereilte, so konnten wir nicht stracks nach Hamburg hinein wandern, sondern wir mußten bis Altona hinunter segeln, da wir denn diese niedliche Stadt ganz von außen beleuchteten, hierauf trieb uns die Flut wieder herauf nach Hamburg durch eine unzählige Menge von Schiffen, worunter einige lagen, die eben vom Walfischfang zurückgekehrt waren und da lagen wie Kirchen. Der Anblick ist und bleibt unbeschreiblich, und ein schönes Mädchen mit ihrem Kopfzeug, daß eben vom Herzenfang zurück kehrt, ist nur eine Kleinigkeit dagegen. Nun logieren wir in der Kramer-Compagnie, einem ganz netten Wirtshause, und Dieterich befindet sich wohl und fett, ißt Fische, wie ein Raubfisch, und ist ein herrlicher Kerl. In Hamburg hat man noch den einfältigen Brauch auf Pfingsten fromm zu tun, deswegen ist heute keine Komödie, morgen keine, übermorgen auch nicht, auch künftigen Dienstag nicht, also erst künftigen Mittewochen werden wir Mamsell Ackermann trippeln sehen, wo uns denn der Himmel beistehen wird. Hier vor unserm Haus ist ein Lärm, daß ich wahrhaftig nicht höre was ich schreibe. Vielleicht gehen wir schon morgen nach der See, wenn wir ein Schiff kriegen, und während Sie den Herrn der Erde anbeten, so wollen wir den Herrn verehren, dem Wind und Wellen gehorchen müssen. Empfehlen Sie mich dem lieben Töchtergen und Kindern recht herzlich und sagen Sie, daß wir mehr häßliche als schöne Kinder gesehen hätten. Wenn Sie doch diesen Morgen hätten können bei uns sein, gerechter Gott, was ist Wiederholts Haus gegen ein dreimastiges Schiff. Der Anblick stärkt bis in die Wurzel der Seele.

Georg Christoph Lichtenberg (1742–1799)

Sylvester am Hafen

Mühsam kam Harry Hoppe die Pier herab. Mit vorgelegtem Oberkörper, in einer Hand einen Pappkoffer, in der anderen einen verschnürten Karton, so stemmte er sich gegen das böige Schneetreiben, das schon in der Dunkelheit jenes Sylvestermorgens eingesetzt hatte. Kalt zog es von den Speichern her, von den naßglänzenden Bergen der Bunkerkohle; Eisschollen trieben im schwarzen Wasser des Stroms, kreisten in der Strömung, schrammten splitternd an der Mauer entlang; Böen fuhren scharf über sie hin, riffelten, krausten die offenen Stellen des Wassers zwischen den treibenden Eisschollen. Unter dem Schneetreiben kam Hoppe hervor, nur ein Schatten zuerst, eine mühsame Ankündigung seiner selbst; kam hervor aus der äußersten Kante der Pier, angestrengt, mit gesenktem Gesicht, und gegen die Stöße des Winds, der seine Arme mit den Gepäckstücken auseinanderzuzwingen suchte, den Mantel gegen den Körper preßte, kam er unaufhaltsam herab bis zur grünen Zollbude. Als er im Windschutz der Zollbude war, blickte er zum ersten Mal auf, und er blickte in das graue Gesicht eines Mannes, der mit der Schulter an der Bude lehnte und ihn beobachtete. Es war ein alter Mann in schmieriger Joppe, mit riesigen Schuhen an den Füßen; ein schlapper Rucksack, aus dem oben eine Wasserwaage heraussah, hing über seinem Rücken; zwischen den Händen hielt er eine bläulich schimmernde Säge, die in der Mitte mit Sackresten umwickelt war. Reglos stand er da, nur der vernarbte Stummel seines Zeigefingers bewegte sich, glitt über das bläulich schimmernde Band der Säge. Hoppe setzte den Koffer ab, den verschnürten Karton, er stäubte den Schnee aus dem Halsausschnitt, klopfte die Schuhe an der Holzbude ab und trat nah an den Mann mit der Säge heran, der ihn aufmerksam und argwöhnisch beobachtete. Aus dem Windschatten sah Hoppe den Weg zurück, den er gekommen war, sah über die treibenden Eisschollen und den Strom hinab: schräg ging der Schnee nieder, wie hinter gespannten Schnüren eines weißen Gitters verbarg er das andere Ufer, die Werft, die kahle Böschung; wirbelnd stob der Schnee auseinander, wenn Böen in das Gitter einschlugen, wurde explosionsartig hochgeworfen und flach niedergedrückt auf das Wasser. Während sein Gesicht dem Strom zugekehrt war, blickte Hoppe aus den Augenwinkeln auf den Alten, der in argwöhnischer Regungslosigkeit dastand, nur mit dem Stummel des Zeigefingers leicht über die Säge rieb.

„Mieser Tag", sagte Hoppe, und er drehte sich um, so daß er den Alten fast berührte, musterte ihn einen Augenblick und sprach dann in das graue Gesicht hinein: „Mein Schiff ist weg, es hat hier gelegen, an dieser Pier … es kann noch nicht lange her sein. Es ist ein Feuerschiff, wir waren zur Reparatur in der Werft." Der Mann mit der Säge schwieg, sein Gesicht bewegte sich nicht, reglos lehnte er an der Budenwand.

„Hier hat es gelegen", sagte Hoppe und wies auf die schmutzige Pier, „an dieser Stelle war es festgemacht. Vielleicht haben Sie es gesehen, es kann noch nicht lange her sein, daß sie ausliefen."

„Nix", sagte der Alte, „nix"; er schluckte, schüttelte den Kopf, so als habe er nie etwas gesehen, und selbst wenn er etwas gesehen hätte, er nicht bereit wäre, das in diesem Augenblick oder überhaupt jemals zuzugeben. Sein Zeigefinger lag jetzt still auf der Säge, sein Blick löste sich vom andern und lief über den Strom, woher klagend, verstümmelt durch das Schneetreiben, die Rufsignale einer Barkasse zu ihnen drangen. Die Barkasse blieb unsichtbar.

„Sie können nicht lange weg sein", sagte Hoppe.

Der Alte schwieg und sah abweisend über ihn hinweg, hob gleichgültig die Schultern, starrte auf die kreisenden Eisschollen, die glattgespült waren an den Rändern, von milchiger Bläue und die in ihrer Mitte verkrustete Schneeklumpen trugen, Holzstücke oder zerbeulte Blechdosen.

„Es hat keinen Zweck", sagte Hoppe, und er spürte, daß er es zu sich selbst sagte, „es lohnt sich nicht, zu warten. Jetzt werden sie bald auf Position sein: ich geh nach Haus." Er nahm den Koffer auf, den verschnürten Karton, sah noch einmal den Strom hinab, nickte gegen den Rücken des reglos dastehenden Alten und ging. Er ging zwischen den Speichern hindurch, über einen schienendurchschnittenden Platz und eine Bergstraße hinauf, in der dreckige Kinder ein lautloses Spiel spielten: schweigend, ärgerlich warteten sie, bis er vorbei war. Im Windschutz einer bröckeligen Mauer ging er die Bergstraße zu Ende, durchquerte zugige Anlagen, ging weiter zu einem U-Bahnschacht und bog in eine Straße ab, die nur aus Buden bestand, aus Kneipen und natürlich geheizten Varietés. Zischend flog ein Knallfrosch über eine Mauer, lag glimmend einen Augenblick da, erhob sich plötzlich unter wilden kleinen Explosionen und wurde auf die Straßenbahnschienen hinausgeschleudert. [...]

Siegfried Lenz (geb. 1926)

So ein Hafen im Frühling

Es war aber ein gar lieblicher Frühlingstag, als ich zum ersten Mal die Stadt Hamburg verlassen. Noch sehe ich wie im Hafen die goldnen Sonnenlichter auf die beteerten Schiffsbäuche spielen, und ich höre noch das heitre langhingesungene Hoiho! der Matrosen. So ein Hafen im Frühling hat überdies die freundlichste Ähnlichkeit mit dem Gemüt eines Jünglings, der zum erstenmal in die Welt geht, sich zum erstenmal auf die hohe See des Lebens hinauswagt – noch sind alle seine Gedanken buntbewimpelt, Übermut schwellt alle Segel seiner Wünsche, Hoihoi! – aber bald erheben sich die Stürme, der Horizont verdüstert sich, die Windsbraut heult, die Planken krachen, die Wellen zerbrechen das Steuer, und das arme Schiff zerschellt an romantischen Klippen oder strandet auf seicht-prosaischem Sand – oder vielleicht morsch und gebrochen, mit gekappten Mast, ohne ein einziges Anker der Hoffnung, gelangt es wieder heim in den alten Hafen und vermodert dort, abgetakelt kläglich, als ein elendes Wrack!

Aber es gibt auch Menschen, die nicht mit gewöhnlichen Schiffen verglichen werden dürfen, sondern mit Dampfschiffen. Diese tragen ein dunkles Feuer in der Brust und sie fahren gegen Wind und Wetter – ihre Rauchflagge flattert wie der schwarze Federbusch des nächtlichen Reuters, ihre Zackenräder sind wie kolossale Pfundssporen, womit sie das Meer in die Wellenrippen stacheln, und das widerspenstisch schäumende Element muß ihrem Willen gehorchen, wie ein Roß – aber sehr oft platzt der Kessel, und der innere Brand verzehrt uns.

Doch ich will mich aus der Metapher wieder herausziehn und auf ein wirkliches Schiff setzen, welches von Hamburg nach Amsterdam fährt. Es war ein schwedisches Fahrzeug, hatte außer den Helden dieser Blätter auch Eisenbarren geladen und sollte wahrscheinlich als Rückfracht eine Ladung Stockfische nach Hamburg oder Eulen nach Athen bringen.

Die Ufergegenden der Elbe sind wunderlieblich. Besonders hinter Altona, bei Rainville. Unfern liegt Klopstock begraben. Ich kenne keine Gegend wo ein toter Dichter so gut begraben liegen kann wie dort. Als lebendiger Dichter dort zu leben, ist schon weit schwerer. Wie oft hab ich dein Grab besucht, Sänger des Messias, der du so rührend wahr die Leiden Jesu besungen! Du hast aber auch lang genug auf der Königstraße hinter dem Jungfernsteg gewohnt, um zu wissen, wie Propheten gekreuzigt werden.

Heinrich Heine (1797–1856)

Oevelgönne

Es war ein flottes Geschäft. Und dazu Mai, die schönste Zeit für die ersten Wasserpartien, günstige Tide, etwa eine Stunde vor Tiefebbe, wo man mit dem Strom kinderleicht noch so hübsch abwärts rutschen konnte zu einsamen Plätzen den Strand entlang oder gar auf die verschwiegenen Inselsände gen Blankenese, um nachher mit der Flut ohne Mühe und, wenn man wollte, noch rechtzeitig zum Abendbrot wieder heim zu gondeln.

Ja, so war es alldort, und um gleich die nötige Erdkunde abzuspulen: Besagtes Oevelgönne ist ein kleiner gemütlicher Ort, der aus einer einzigen Häuserreihe besteht und hinter Strand und schmalen Vorgärten geradeswegs sich am Elbstrom entlang fädelt, sanft und lieblich gelehnt an einen ragenden parkbestandenen Hügelrücken. Einen Katzensprung von Hamburg und vom Hamburger Hafen entfernt und, um im Vergleich zu bleiben, einen Tigersprung von der See, was auf Dampfschiff umgerechnet bis Cuxhaven rund sechs Stunden bedeutet. Der Elbstrom ist hier nicht ganz einen Kilometer breit. Drüben zwischen langdeichigen Inseln führen weite Einfahrten in halbfertige stille Häfen. Und dort liegen die schlafenden Schiffe, hinter deren Masten und Schoten man die fernen blauen Hügelzüge der Lüneburger Heide sieht.

Und mitten vorm Oevelgönner Strand lag die Bootsvermietung von Klas Möller, wie Jan Himps Vater hieß. Es war keine Bootsvermietung wie an den gleichmäßigen Gewässern eines Starnberger oder Ugleisees oder gar an der Alster mitten im großmächtigen Hamburg, nein, es war zu Oevelgönne an der Elbe, wo man mit Flut und Ebbe zu rechnen hat und die Unterschiede des Wasserstandes bis drei Meter betragen können und die Bootsstege auf- und niedergezogen werden müssen wie früher die Badekarren oder aber wie der Möllersche Schwimmsteg sind. Es war ein viereckiger Steg mit einer Holzbude, in der das Kassenpult mit dem Wecker stand und darin nachts und bei schlechtem Wetter die beweglichen Gerätschaften untergebracht waren. Auch befanden sich dort die verschiedensten Ersatzteile von Tauwerk, Segeln und Blöcken sowie die nötigen Werkzeuge, auch ein paar Handtücher und eine Kiste mit trockenen Kleidungsstücken und einer Flasche Rum, falls mal jemand ins Wasser fallen würde. Zu gleichem Vorbedacht hing außen an der Budenwand ein mächtiger Rettungsring.

Hans Leip (1893–1983)

Die Flut

Bei Flut
drückt die See
den Fluß in das Land
in Altona saß ich am Elbestrand
und sah, wie die Boje nach Osten hin zeigt
das Wasser läuft auf und steigt und steigt

verdrehte Welt!
das seh' ich gerne
der Fluß, er fließt
zurück!
Die Wassermassen
der Elbe wollen
wieder nach Dresden
zurück

Das sah ich gern, aber gelassen
und bleibe

Wolf Biermann (geb. 1936)

CUXHAVEN: WO DIE ELBE IN DIE NORDSEE MÜNDET

Segeln in der Elbmündung

Scheelenkuhlen und die Bösch passierten sie schon gegen Mittag, so rasch zog Laetes davon. Bei Brunsbüttel gab Hein Mück das Essen aus und übernahm das Ruder, während die anderen sich die Klütjen und Plummen schmecken ließen. Als sie wieder an Deck kamen, waren sie so weit, daß Klaus Mewes seinem Jungen die See zeigen konnte, denn im Norden trat das Ufer zurück, dort blinkte die See, nach der er sich am Deich gesehnt hatte, der kleine Störtebecker, als wenn sein Leben davon abhinge.

Nun stand er bei seinem Vater hinter dem Kompaß und sagte, ja, er könne sie sehen, aber weiter sagte er nichts, denn eigentlich war es eine große Enttäuschung für ihn, dieses erste Schauen; er hatte auf der Zunge zu sagen: „Dat is ok jo wieder nix as Woter!" Aber er verbiß es, denn er dachte: Erst ganz hin sein!

„Vadder, neem fischt wi nu?"

„Och, mien Jung, dat is noch wiet weg! Ganz buten, kannst nu noch gorne sehn!"

Das war Störtebecker recht, denn es mußte auch noch anders kommen, wenn es mehr sein sollte als die Elbe.

Es gab noch die Schanze zu sehen mit den schwarzen Kanonenschlünden, die die Elbe bewachten, das Ostefeuerschiff, das an seinen Ketten riß, die Türme von Altenbruch; dann kam Cuxhaven in Sicht, der dicke Leuchtturm, die Kugelbake. Da sah Störtebecker zum erstenmal ein großes Schiff, eine Bark, unter Rahsegeln. Sein Vater wies ihm den alten und den neuen Hafen, die großen Seeschlepper, die mächtigen Anker, die am Deich standen, das Schloß Ritzebüttel, das klug und geborgen aus den Bäumen lugte, er zeigte ihm einen Seehund, der hinter dem Ewer auftauchte, und drei Masten, die im Norden kahl und verlassen aus der See ragten.

Störtebecker wurde doch stiller, als er das Land kleiner und die See größer werden sah, als er wahrnahm, daß der Ewer ungestümer auf und ab tauchte und sich schräger legte als Vorher, aber er hielt tapfer aus und ließ sich nichts anmerken. [...] Sie segelten an der Kugelbake vorbei, der großen Frau der Elbmündung, die immerfort nach ihrem Mann sucht, der doch längst geblieben ist, und nahmen Kurs nach dem vierten Feuerschiff, Nord zu West. Bald verlangte den Südwest nach Südwesten; er brachte Regen und jagte die Seefischer ins Ölzeug. Auch Störtebecker mußte hinein. Als sein Vater ihm den Rock zuknöpfte, sah er ihn forschend an und bemerkte, daß das Gesicht schon etwas blasser geworden war; [...] Heiter wies er ihm den dicken Turm von Neuwerk und erzählte, daß Störtebecker von dort einen Gang unterm Wasser bis nach Cuxhaven gehabt hätte.

Hinter Scharhörn sichteten sie die ersten fischenden Ewer. Da vergaß der Junge das fremde Gefühl und wurde lebhafter, er holte sich den Kieker aus dem Nachthaus und betrachtete Ewer für Ewer; er las die Nummern und ließ sich die Schiffer dazu sagen. [...]

Er drängte, daß sie doch auch schon aussetzen sollten, und war gar nicht erbaut, als er hörte, daß sie noch einen ganzen Tag zu segeln hätten. [...] Die See wurde rauher, und der Ewer tauchte tiefer. Bei der Lotsengaliot nahm eine hohe See den Ewer auf den Rücken und warf ihn dwars weg, daß Störtebecker das Gleichgewicht verlor und gegen das Boot flog. Er stand ruhig wieder auf, aber die Düsigkeit im Kopf nahm immer mehr zu, und den schlechten Geschmack im Mund wurde er nicht wieder los. Er fühlte, daß seine Stunde kam, daß er seekrank wurde und brechen mußte. Er wollte es nicht, er wollte es nicht! Nur das nicht! [...] Wie eine Möwe schluckt und würgt, wenn sie einen großen Hering in der Kehle stecken hat, so schluckte und würgte Störtebecker auf dem heftig arbeitenden Fahrzeug und wehrte sich tapfer gegen die Seekrankheit.

Kap Horn sagte beiläufig zu Hein Mück, wer hier schon seekrank würde, sei ein Schietinnebüx, denn sie seien ja noch in der Elbe, die See finge erst mit dem ersten Feuerschiff an. Störtebecker hörte es und wehrte sich noch mehr, denn er wollte doch nicht auf der Elbe schon seekrank werden. Sie lachten ihn aus, das war gewiß. Wenn er doch mit seinem Vater allein auf Deck wäre!

Gorch Fock, eigentl. Johann Kinau (1880–1916)

Von Helgoland kommend

Stade, den 26sten Juli 1773

Nun wieder etwas aus der Helgoland Reise. An dem Morgen, da es so heftig wehete, fuhren wir auch an der berüchtigten Stelle vorbei, wo so mancher ehrliche Matrose sein Leben gelassen hat. Wir ließen sie etwa so weit, als die Bult von Ew. Wohlgeboren Wohnung entfernt ist, auf der Seite liegen. Man nennt sie den Kälbertanz, und eine Stelle in der Elbe, nicht weit von Glückstadt, wo das Wasser in einer beständigen Bewegung sein soll, wo es aber gerade zu der Zeit stille stund, als wir vorbei segelten, hat davon den Namen erhalten.

Man kann sich nichts fürchterlicher vorstellen. Die Wellen, die an die verborgenen Klippen und Sände anstoßen, steigen in allerlei Richtungen als ein weißer Schaum in die Höhe, welches in einiger Entfernung aussieht, als wenn eine Herde weißer Kühe sehr mutwillig durcheinander sprängen. Es ist mir gesagt worden, daß ein Schiff, wenn es dorthin zu sitzen käme, gleich auseinander ginge. Es sind vor nicht gar langer Zeit wieder zwei Schiffe darauf geraten, wovon nicht eine Seele hat gerettet werden können, auch die *Seiko* mit 26 Lotsen aus Helgoland, die, wie sich Ew. Wohlgeboren vielleicht noch aus der Zeitung erinnern werden, verloren ging, ist in jener Gegend umgekommen.

Zu Cuxhaven setzte ich mich bei ziemlich hohen Wellen in ein kleines Boot mit einem Segel, und zwar bloß deswegen, weil ich vom Strande gesehen hatte, daß ein ähnliches mit ein paar Passagieren so geworfen wurde, daß man es einmal auf der Spitze einer Welle erblickte und dann wieder auf einmal nichts als die Segel davon sah. Die Leute mochten wohl das Ding hundertmal probiert haben und waren ganz gleichgültig dabei. Ei, dachte ich, so will ich es einmal versuchen; das wäre ja sonderbar, wenn ein solches Ding untergehen sollte, bloß weil Einer darauf sitzt, der sich heimlich doch ein bißchen fürchtet, dadurch wird ja das Boot weder leichter noch schwerer. Ich stieg also glücklich hinunter und bekam auch Nachfolger. Wir wurden allerdings von diesem Springer nicht wenig geworfen, und unsere an Bord des großen Schiffs gebliebenen Compagnons konnten uns zuweilen gar nicht sehen, so wie ich die obigen Passagiere, allein ich stieg auch hier wieder mit der gemachten Erfahrung raus: Es sieht gefährlicher und schwerer aus, als es ist. Die Gesichtsfarbe eines unter uns fing zwar an, etwas in das Zitronengelbe zu spielen, es ging aber doch noch gut ab. Ich muß gestehen, die heftigen Schwankungen eines kleinen Boots sind mir nicht so verdrießlich als die langsamen und majestätischen eines großen Schiffs, bei den ersteren gerät man leicht in ein Lachen, aber bei den letzteren sehen sich die Passagiere, gleichsam wie begeistert, einander an und wissen nicht, wie ihnen geschieht, und wenn man einmal so weit ist, so tut man am besten, daß man zu Bette geht.

Georg Christoph Lichtenberg (1742–1799)

Cuxhaven

Den zweiten Tag gelangten wir nach Cuxhaven, welches eine hamburgische Kolonie. Die Einwohner sind Untertanen der Republik und haben es sehr gut. Wenn sie im Winter frieren werden ihnen aus Hamburg wollene Decken geschickt, und in allzu heißen Sommertagen schickt man ihnen auch Limonade. Als Prokonsul residiert dort ein hoch- oder wohlweiser Senator. Er hat jährlich ein Einkommen von 20000 Mark und regiert über 5000 Seelen. Es ist dort auch ein Seebad, welches vor anderen Seebädern den Vorteil bietet, daß es zu gleicher Zeit ein Elbbad ist. Ein großer Damm, worauf man spazierengehn kann, führt nach Ritzebüttel, welches ebenfalls zu Cuxhaven gehört. Das Wort kommt aus dem Phönizischen; die Worte „Ritze" und „Büttel" heißen auf phönizisch: Mündung der Elbe. Manche Historiker behaupten, Karl der Große habe Hamburg nur erweitert, die Phönizier aber hätten Hamburg und Altona gegründet, und zwar zu derselben Zeit, als Sodom und Gomorrha zugrunde gingen. Vielleicht haben sich Flüchtlinge aus diesen Städten nach der Mündung der Elbe gerettet. Man hat zwischen der Fuhlentwiete und der Kaffemacherei einige alte Münzen ausgegraben, die noch unter der Regierung von Bera XVI. und Birsa X. geschlagen worden. Nach meiner Meinung ist Hamburg das alte Tharsis, woher Salomo ganze Schiffsladungen voll Gold, Silber, Elfenbein, Pfauen und Affen erhalten hat. Salomo, nämlich der König von Juda und Israel, hatte immer eine besondere Liebhaberei für Gold und Affen.

Heinrich Heine (1797–1856)

An Muschelkalk und ihre Mitschülerinnen

Abs: Villa Kiek in den See
Seedeich 2
Cuxhaven
Vizefeuerwerker Bötticher
(17.2.17)

An die
Appendixe von D. Kurtius in Eisenach, Burgstr. 16/II

Ihr Teufelskerle Tilly, Emmy, Lotte, Hanna, Marburg und Lona! Heißen Dank! heißen Dank! Ihr habt da ein ganz vornehmes und außerordentlich sinniges Liebespaket zusammengestellt, das mich an Bord auf Hafenwache freundlichst überraschte, und dicke Eisschollen, die gegenwärtig unser Schiff poussieren, zu Butter schmolzen. Mit einem steifen Grog stieß ich mit meinem Burschen auf Euer Wohl an. Um ein Haar hätte ich Euch vorige Woche, da ich für zwei Tage nach München fuhr, besucht. Nur die ungeheizten Wagen hielten mich ab. Seid geküßt, Kinder. Ihr urschöne junge Brut. Seid geküßt!! Wenn ich noch vor Mai mal kommen könnte u. sollte, dann seid recht zärtlich zu mir. Auch Lona, bitte. Nein vergessen sollten wir uns nicht.

Euer herzlichst dankbarer Rumsauser

Joachim Ringelnatz (1883–1934)

Elbmündung

Wir verließen London am Freitag, dem 14. September 1798, kamen in Yarmouth am Samstag zur Mittagszeit an und segelten am Sonntag Morgen um 11 Uhr ab. Vor dem Ankerlichten wies man mir eine Kabine an, die ich erst verließ, als wir Dienstag morgens um 10 Uhr im stillen Wasser der Elbmündung waren. Ich war überrascht, als ich auf Deck kam, daß wir die Küste nicht sehen konnten, obgleich wir im Fluß waren. Es schien mir, wir wären auf einem stillen See; aber wie schön! Der sanfte Wind, das sanfte Schaukeln!... Als wir uns Cuxhaven näherten, schienen die Ufer flach und niedrig und dünn bevölkert; hie und da ein Landhaus, weidendes Vieh, Heuhaufen, eine Windmühle. Einige Schiffe lagen in Cuxhaven, einem häßlichen, schwarz aussehenden Ort. Wir entließen einen Teil unserer Mannschaft und fuhren den Fluß weiter hinauf.

Dorothy Wordsworth (1771–1855)

Springtide

Der Wind lief um, aber auch wir drehten bei Elbe 1 einen Schlag über Backbord und nahmen den Kurs auf die beiden Feuer von Elbe 2, die stetig und tröstlich untereinanderstehen. Und nunmehr waren wir in der großen Fahrstraße, die von Hamburg hinführt in alle Welt. Da merkten wir mit Besorgnis, daß wir keine Lampen hatten, um uns kenntlich zu machen, Backbord rot, Steuerbord grün, wie es Vorschrift ist auf allen Gewässern der Erde. Da sahen wir die Lichter großer Schiffe vorübergleiten, und wir hielten uns ab, in Sorge, daß sie uns ohne Ahnung hinabdrücken würden in die erbarmungslose Tiefe. Denn der Wind mallte weiter, und die See lief höher, es blitzte und donnerte stärker, und alles stand uns übel entgegen, wir mußten kreuzen und reffen trotz mangelhafter Erfahrung in diesen Dingen, und Elbe 2 schwang fernab vorüber. Endlich erkannten wir das Leuchtfeuer von Elbe 3, welches die beiden Laternen weiß und rot führt. Auch sahen wir fern das Neuwerker Turmlicht, aber wir hatten nicht mehr den Mut, uns durch das Watt zu loten, wo der Schaum im fliegenden Mond stand. Und was auch sollten wir da? Hatten wir nicht etwas ganz anderes vor?

Hier, hier war sie, die Stelle, wo die auslaufenden Dampfer ihre Fahrt abstoppten, um den Lotsen von Bord zu lassen, den die Feuerschiffbarkasse abholt. Wir drängelten uns mit Mühe heran, obgleich es nicht einmal einer der Dampfer war, die so silbergrau sind wie die Ferne und nach Afrika gehen. Der Lotse und die in der Barkasse fluchten böse zu uns herüber, und ein Maat oben an der Pforte machte jene unzweideutige Gebärde nach der Gegend seines Rückens zu, wo derselbe aufhört und die Beine anfangen.

Nun brach auch das Gewitter richtig los. Von allen Seiten züngelte ein schauriges Feuerwerk herab, und die Donnerschläge folgten einander, als solle uns eine Seeschlacht vorgemalt werden. Die Barkasse war zurückgekehrt und sie preiten uns an, ob wir Hilfe benötigten. Wir schrien wütend und verzweifelt nein, und die Ebbe drehte unser Boot, als täten wir es eigensinnig selber, und trieb uns wieder in die See hinaus, bis uns die Leute von Elbe 2 aufpickten. Denn es ging uns schließlich hundeelend, und sie halfen uns ohne viel Worte an Bord des Feuerschiffes, und alles, was wir besaßen, war zum Auswringen von der großen See und dem Unwetter. Denn die Weissagung des Schäfers war eingetroffen, es war eine Springtide gekommen mit allen Heimtücken und üblen Überraschungen, wie es bei wechselndem Mond auf der Nordsee möglich ist.

Hans Leip (1893–1983)

Es war ein verführendes Wasser

Es war ein verführendes Wasser,
das meinen Sinn in seine krausen Strudel zog.
Wie reißend ist nun aber
die Gewalt des Stromes.
Da riefen an mir vorbei die Orte
alter dunkelsüßer Heime,
wo ich des Nachts
dem Lied der Zikade lauschte,

einsam und heimlich
unter dem duftatmenden Holunder.
Manchen Traurigen seh' ich am Ufer stehn.
Ich aber bin über den Wellen,
stark und frisch an Leib und Seele.
Ich will münden zusammen
mit dem großen Strom.
Münden will ich mit ihm.

Paul Klee (1879–1940)

AUTOREN- UND QUELLENVERZEICHNIS

ANDERSEN, Hans Christian Andersen: (1) Aus: Schattenbilder von einer Reise in den Harz, die Sächsische Schweiz etc. etc. im Sommer 1831. In: Ders.: Die frühen Reisebücher. Hrsg. und aus dem Dänischen übertragen von Gisela Perlet. Gustav Kiepenheuer Verlag, Leipzig und Weimar 1984. *Seiten 12–14.* (2) Ballade über die Treue fern der Elbe. Ebenda. *Seite 14.* (3) Bastei. Ebenda. *Seiten 15f.* (4) Theater am Ufer. Ebenda. *Seiten 32f.* (5) Von Meißen bis Dresden. Ebenda. *Seiten 49f.*

ANONYM: Wallensteins Epitaphium. Aus: Gedichte des Barock. Hrsg. von Ulrich Maché und Volker Meid. Philipp Reclam jun., Stuttgart 1980. *Seite 5.*

ANONYM: Die Gelbe. Aus: Paul Keller: Stille Straßen. Ein Buch von kleinen Leuten und großen Dingen. Bergstadtverlag Wilhelm Gottlieb Korn, Breslau 1920. *Seite 50.*

BAUER, Karoline: Aus meinem Bühnenleben. Gustav Kiepenheuer Verlag, Weimar 1917. *Seiten 37f.*

BECKH, Johann Joseph: Elbianische Florabelle. Schäferroman. Aus: Rarissima Litterarum. Nachdrucke seltener Originalwerke aus dem 16. bis 18. Jahrhundert. Bd. 6. Hrsg. von Gerhard Dünnhaupt. Anton Hiersemann, Stuttgart 1997. *Seite 20.*

BIERMANN, Wolf: (1) Die Elbe bei Dresden. Aus: Alle Lieder. Verlag Kiepenheuer & Witsch, Köln 1991. © 1973 by Wolf Biermann. *Seiten 43f.* (2) Die Flut. Ebenda. © 1981 by Wolf Biermann. *Seite 115.*

BISMARCK, Otto von: An Johanna von Bismarck. Briefe aus vier Jahrzehnten. Türmer Verlag, Berg am Starnberger See 1990. *Seiten 83–85.*

BORCHERT, Wolfgang: (1) Die Elbe. Aus: Wolfgang Borchert: Das Gesamtwerk. Hrsg. von Michael Töteberg unter Mitarbeit von Irmgard Schindler. © 2007 by Rowohlt Verlag, Reinbeck bei Hamburg 1991. *Seiten 96–100.* (2) Der Traum. Aus: Draußen vor der Tür. Ebenda. *Seiten 101–103.*

BRAUN, Volker: Die sächsische Flut 2002. Aus: Zauberort – Dresden im Gedicht. Hrsg. von Klaus Stiebert. Verlag Janos Stekovics und Edition BuchHaus Loschwitz, Dresden 2004. © Volker Braun. *Seiten 40–42.*

CASSIUS DIO: Römische Geschichte. Bd. IV, Buch 55. Übersetzt von Otto Veh. Artemis Verlag, Zürich und München 1986. *Seiten 77f.*

CARUS, Gustav Carus: Lebenserinnerungen und Denkwürdigkeiten. Kiepenheuer Verlag, Weimar 1966. *Seiten 34f.*

CASANOVA, Giacomo: (1) Geschichte meines Lebens. Hrsg. von Günter Albrecht und Barbara Albrecht, übersetzt von Regina Salffner. Bd. 3. Gustav Kiepenheuer Verlag Leipzig und Weimar, 1984. *Seiten 26–28.* (2) Ebenda. Bd. 10. *Seite 66.*

Chodowiecki, Daniel: (1) Journal gehalten auf einer Lustreyse von Berlin nach Dreßden Leipzig Halle Dessau. 1789. Reprint: Akademie Verlag, Berlin 1961. *Seite 42.* (2) Ebenda. *Seite 47.* (3) Ebenda. *Seiten 60f.*

Contessa, Carl Wilhelm Salice: Vergib uns unsere Schuld. Aus: Ders.: Fantasiestücke eines Serapionsbruders. Hrsg. von Klaus Günzel. Union Verlag (VOB), Berlin 1977. *Seiten 71–74.*

Daniel, Hermann Adalbert: (1) Kleineres Handbuch der Geographie. Fues's Verlag, Leipzig 2.Aufl. 1874. *Seiten 1f.* (2) Ebenda. *Seite 77.* (3) Ebenda. *Seite 93.*

Devrient, Eduard: Tagebücher Berlin und Dresden 1836–1852. Aus: Dresden zwischen Wiener Kongress und Maiaufstand. Hrsg. von Günter Jäckel. Verlag der Nation, Berlin 1989. *Seiten 39f.*

Eberhard, August Gottlob: Aus: Ders.: Dresden. In: Zauberort – Dresden im Gedicht. Hrsg. von Klaus Stiebert. Verlag Janos Stekovics und Edition BuchHaus Loschwitz, Dresden 2004. *Seite 19.*

Eckermann, Johann Peter: Aus: Ders.: Die Heimath. In: Gedichte von J.W. Eckermann. F.A. Brockhaus, Leipzig 1838. *Seiten 90f.*

Eichendorff, Joseph von: Aus: Werke. Hrsg. von Wolfgang Frühwald, Brigitte Schillbach, Hartwig Schultz. Bd.5: Tagebücher, autobiographische Dichtungen, historische und politische Schriften. Deutscher Klassiker Verlag, Frankfurt am Main 1993. *Seiten 106–108.*

Endler, Adolf: Abschied von einer Stadt: Wittenberge. Aus: Märkische Dichterlandschaft. Hrsg. von Peter Walther. Deutsche Verlags-Anstalt Stuttgart, 1998. *Seite 87.*

Fleming, Paul: Aus: Danck-Lied. In: Paul Fleming: Deutsche Gedichte. Hrsg. von Volker Meid. Verlag Philip Reclam Jun., Stuttgart 1986. *Seite 1.*

Fock, Gorch: Seefahrt ist not! Ullstein Verlag, Berlin 1987. *Seiten 104–106, 117–119.*

Fontane, Theodor: Grete Minde. Ullstein Verlag, Frankfurt-Berlin-Wien 1976. © Carl Hanser Verlag, München 1970. *Seiten 78–83.*

Franzos, Karl Emil: Aus Anhalt und Thüringen. Rütten und Loening, Berlin 1984. *Seiten 58–60, 62f.*

Fühmann, Franz: Vor Feuerschlünden. Erfahrung mit Georg Trakls Gedicht. Werkausgabe. Bd.7. © Hinstorff Verlag, Rostock 1993. *Seite 11.*

Grimm, Jacob und Wilhelm: Magdeburger Nixen. Aus: Brüder Grimm: Deutsche Sagen. Bd.I, Nr.60. Wilhelm Goldmann Verlag, München (o.J.). *Seite 65.*

Grimmelshausen, Hans Jakob Christoffel von: Der abenteuerliche Simplizissimus, 2.Buch, 25. und 26.Kapitel. Aus: Ders.: Der abenteuerliche Simplizissimus. Vollständige Ausgabe. Anaconda Verlag, Köln 2005. *Seiten 66f.*

Gropius, Walter: Aus: Ders.: Vorwort. In: Internationale Architektur. Hrsg. von Hans M. Winkler. Verlag Florian Kupferberg, Mainz und Berlin 1981. Faksimile-Nachdruck von 1927. *Seite 58.*

Grünbein, Durs: Gedicht über Dresden. Aus: Ders.: Gedichte. Bücher I–III. Suhrkamp Verlag, Frankfurt am Main 2006. *Seiten 25f.*

Guericke, Otto von: Schule der Physik, auf einfache Experimente gegründet und in populärer Darstellung für Schule und Haus, insbesondere für Maschinenbesitzer, Landwirthe, Gewerbetreibende und Freunde naturwissenschaftlicher Versuche. Gotth. Wilhelm Körner, Erfurt & Leipzig 1853. *Seite 75.*

HAHNEWALD, Edgar: (1) Pirna an der Elbe. Aus: Ders.: Sächsische Heimatbilder. Hrsg. von Angelika Ziegner. F.A. Brockhaus Verlag, Leipzig 2. Aufl. 1989. *S. 4–46,* (2) Hundstage an der Elbe. Aus: Ebenda. *Seiten 31f.*

HAUPTMANN, Gerhart: Hamlet in Wittenberg. Erster Akt, 1. und 2. Szene. Aus: Gerhart Hauptmann: Sämtliche Werke. Hrsg. von Hans-Egon Hass. Bd. III. © 1996 Propyläen Verlag in der Ullstein Buchverlage, Berlin 1965. *Seite 54.*

HEINE, Heinrich: (1) Gedicht Nr. 8. Sammlung Neuer Frühling (1831). Aus: Ders.: Sämtliche Gedichte in zeitlicher Reihenfolge. Insel Verlag, Frankfurt am Main und Leipzig 5. Aufl. 1997. *Seite 108.* (2) Aus: Aus den Memoiren des Herren von Schnabelewopski. Ders.: Im Pavillon am Jungfernstieg. Hrsg. von Jan-Christoph Hauschild. Hoffmann und Campe, Hamburg 2006. *Seiten 112f.* (3) Ebenda. *Seiten 120f.*

HÖHNE, Reinhard: Elbfahrt durch Deutschland. Sachsenverlag, Dresden 1958. *Seiten 86f., 88f., 93f.*

HOFFMANN, E.T.A.: (1) Brief an Friedrich Speyer 13. Juli 1813. Aus: Leben und Werk in Briefen, Selbstzeugnissen und Zeitdokumenten. Hrsg. von Klaus Günzel. Verlag der Nation, Berlin 1984. *Seite 21.* (2) Der goldene Topf. Aus: Ders.: Fantasiestücke. In Callot's Manier. Werke 1814. Hrsg. von Hartmut Steinecke. Deutscher Klassiker Verlag, Frankfurt am Main 1993. *Seiten 21–24.* (3) Tagebuch 8. Mai 1813. Aus: Leben und Werk in Briefen, Selbstzeugnissen und Zeitdokumenten. Hrsg. von Klaus Günzel. Verlag der Nation, Berlin 1984. *Seite 39.*

HRABAL, Bohumil: Gotteskinder. Aus: Leben ohne Smoking. Übersetzt von Karl-Heinz Jähn. Suhrkamp Verlag, Frankfurt am Main 1993. *Seiten 9f.*

JANUS (= Hermann Günther Meynert): Allgemeine Charakterzüge Dresdens. Aus: Dresden zwischen Wiener Kongress und Maiaufstand. Hrsg. von Günter Jäckel. Verlag der Nation, Berlin 1989. *Seiten 28f.*

KÄSTNER, Erich: Fabian. Die Geschichte eines Moralisten. Deutscher Taschenbuch Verlag, München 13. Aufl. 1998. © 1985 Atrium Verlag Zürich. *Seiten 35–37.*

KELLER, Paul: Das Märchen von den deutschen Flüssen. Aus: Ders.: Stille Straßen. Ein Buch von kleinen Leuten und großen Dingen. Bergstadtverlag Wilhelm Gottlieb Korn, Breslau 1920. *Seiten 17f.*

KISCH, Egon Erwin: (1) Die Fahrt der Flößer. Aus: Ders.: Gesammelte Werke in Einzelausgaben. Bd. 6: Der rasende Reporter. Hetzjagd durch die Zeit. Wagnisse in aller Welt. Kriminalistisches Reisebuch. © Aufbau Verlag GmbH Co. KG, Berlin 1972 (dieser Band erschien 1972 im Aufbau Verlag; Aufbau ist eine Marke der Aufbau Verlag GmbH & Co. KG). *Seiten 6–8.* (2) Im Wigwam Old Shatterhand. Ebenda. *Seiten 33f.*

KLEE, Paul: Es war ein verführendes Wasser. Aus: Ders.: Gedichte. Hrsg. von Felix Klee. Arche-Verlag, Zürich–Hamburg 2. Aufl. 1980. *Seiten 123f.*

Kleist, Heinrich von: Brief an Wilhelmine von Zenge vom (21. Mai 1801). Aus: Ders.: Sämtliche Briefe. Hrsg.von Dieter Heimböckel. Philipp Reclam jun., Stuttgart 1999. *Seiten 11 f.*

Klopstock, Margarete: Brief vom 4. August 1758. Aus: Friedrich Gottlieb Klopstock: Werke und Briefe. Abt. Briefe 3: 1753–1758. Hrsg. von Horst Gronemeyer, Helmut Riege, Adolf Beck und Rainer Schmidt. Walter de Gruyter, Berlin 1988. *Seite 109.*

Körner, Carl Theodor: (1) Am Elbebrunnen. Aus: Ders.: Werke. Hrsg. von Hanz Zimmer. Erster Band. Bibliographisches Institut, Leipzig und Wien 1898. *Seiten 2 f.* (2) Der Schreckenstein und der Elbstrom. Ebenda. *Seiten 2 f.*

Kugler, Franz und Adolph von Menzel: Geschichte Friedrichs des Großen. Verlag E. A. Seemann, Köln (o. J.). *Seiten 50 f.*

Kunze, Reiner: Nach einem regen in Mělnik. Aus: Ders.: Gespräch mit der amsel. © S. Fischer Verlag GmbH, Frankfurt am Main 1984. *Seiten 8 f.*

Laube, Heinrich: Elbpoeten 1835. Aus: Moderne Charakteristiken. Zweiter Band. C. Löwenthal, Mannheim (1835). Aus: Dresden zwischen Wiener Kongress und Maiaufstand, Hrsg. Günter Jäckel, Verlag der Nation, Berlin 1989. *Seite 30.*

Le Pansiv: Auf die Gassaten=Gehende Begerine. Aus: Ders.: Poetische Grillen bey Müßigen Stunden, Erfurt 1729. In: Die Entdeckung der Wollust. Erotische Dichtung des Barock. Hrsg. von Joseph Kiermeier-Debre und Fritz Franz Vogel. Deutscher Taschenbuch Verlag, München 1995. *Seite 55.*

Leip, Hans: (1) Jan Himp und die kleine Brise. Die Hanse | Sabine Groenewold Verlage, Hamburg 2002. *Seiten 114 f.* (2) Nigger auf Scharhörn. Die Hanse | Sabine Groenewold Verlage, Hamburg 2003. *Seiten 122 f.*

Lenz, Siegfried: (1) Deutschstunde. Deutscher Taschenbuch Verlag, München 10. Aufl. 1977. © 1968 by Hoffmann und Campe Verlag, Hamburg. *Seiten 100 f.* (2) Der Anfang von etwas. Aus: Ders.: Der Anfang von etwas. Meistererzählungen. Zusammengestellt von G. Berg. Hoffmann und Campe, Hamburg 2009. © 1958 by Hoffmann und Campe Verlag, Hamburg. *Seiten 110–112.*

Lichtenberg, Georg Christoph: (1) Brief an Schernhagen. Aus: Ders.: Aphorismen, Schriften, Briefe. Hrsg. von Wolfgang Promis in Zusammenarbeit mit Barbara Promis. Lizensausgabe mit Genehmigung des Carl Hanser Verlages München. Bertelsmann, Gütersloh (o. J.). *Seiten 109 f.* (2) Brief an Christiane Dietrich. Ebenda. *Seiten 119 f.*

Luther, Martin: Brief vom 9. April 1539 an Kurfürst Johann Friedrich. Aus: Durch Gottes Gnade bin ich wohlauf. Martin Luthers Leben in seinen Briefen. Hrsg. von Reinhard Dithmar. Evangelische Verlagsanstalt, Leipzig 2008. *Seite 56.*

Manes, Philipp: Als ob's ein Leben wär. Tatsachenbericht Theresienstadt 1942–1944. Hrsg. Ben Barkow und Klaus Leist. Ullstein, Berlin 2005. *Seite 10.*

May, Karl: Winnetou I. Verlag Tosa, Wien (o. J.). © Karl-May-Verlag, Bamberg 1962. *Seite 32.*

Meynert, Hermann Günther: siehe Janus

Opitz, Martin: Über die Eroberung der Stadt Magdeburg. Aus: Gedichte des Barock. Hrsg. von Ulrich Maché und Volker Meid. Philipp Reclam jun., Stuttgart 1980. *Seite 67.*

Pattenhausen, Hellmuth: Sonnenuntergang und Elbe. Aus: Schrei in die Welt. Expressionismus in Dresden. Buchverlag der Morgen, Berlin 1988. *Seiten 45f.*

Ptolemaios, Klaudios: Handbuch der Geographie. Einleitung und Buch 1–4, Europa, 4. Karte: Gross-Germanien. Hrsg. von Alfred Stückelberger und Gerd Graßhoff. Schwabe AG Verlag, Basel 2006. *Seite 89.*

Ringelnatz, Joachim: (1) Die Strömung. Band: Reisebriefe eines Artisten. Aus: Ders.: Und auf einmal steht es neben dir. Gesammelte Gedichte. Lizenzausgabe des Deutschen Bücherbundes, Stuttgart–Hamburg–München (o.J.). © Karl H. Henssel Verlag, Berlin 1950. *Seiten 91f.* (2) München – Hamburg – Altona – Amerika. Ebenda. *Seiten 95f.* (3) Brief vom 17.2.17. Aus: Ders.: Briefe. Hrsg. von Walter Pape. Karl H. Henssel Verlag, Berlin 1988. *Seite 121.*

Rist, Johann: Magdeburg – Aus einem Klagelied zur Bluthochzeit. Aus: Ders.: Poetischer Lust-Garte. Verlegt von Z. Hertel, Hamburg 1638 o.S. *Seiten 70f.*

Robertson, William D.: Eine Erinnerung von Bill Robertson. Aus: Yanks treffen Rote. Begegnung an der Elbe. Militärverlag der Deutschen Demokratischen Republik (VEB), Berlin 1990. *Seiten 52f.*

Rosenlöcher, Thomas: Dampfschiffnudeln. Aus: Ders.: Ostgezeter. Beiträge zur Schimpfkultur. Suhrkamp Verlag, Franfurt am Main 1997. *Seite 48.*

Rühmkorf, Peter: TABU I. Tagebücher 1989–1991. © 1995 by Rowohlt Verlag, Reinbek bei Hamburg 1997. *Seite 95.*

Schiller, Friedrich: (1) Brief an Ludwig Ferdinand Huber. Aus: Schillers Briefe. Schillers Werke. Nationalausgabe. 24. Band: Briefwechsel. Schillers Briefe 17.4.1785–31.12.1787. Hrsg. von Karl Jürgen Skrodzki. Hermann Böhlaus Nachfolger, Weimar 1989. *Seiten 44f.* (2) Schillers Werke. Siebenter Band: Geschichte des Dreißigjährigen Kriegs, 2. Buch. Hrsg. von Ludwig Bellermann. Bibliographisches Institut, Leipzig und Wien (ca. 1900). *Seiten 68–70, 188–189, 191.* (3) Kabale und Liebe, 2. Akt 3. Szene. Hrsg. von Albert Meier. Deutscher Taschenbuch Verlag, München 2004. *Seite 103.*

Seume, Johann Gottfried: Spaziergang nach Syrakus im Jahre 1802. Hrsg. von Albert Meier. Deutscher Taschenbuch Verlag, München 5. Aufl. 1997. *Seiten 5f.*

Shakespeare, William: Hamlet, 1. Aufzug 2. Szene. Aus: Ders.: Sämtliche Werke in 4 Bänden. Hrsg. von Anselm Schlösser, 4. Bd. Aufbau-Verlag, Berlin und Weimar 1994. *Seite 53.*

Tacitus: Germanien. Aus: Ders.: Sämtliche Werke. Nach Übertragung von Wilhelm Bötticher und Bearbeitung von Andreas Schaefer. Phaidon Verlag, Essen (o.J.). *Seite 3.*

Tellkamp, Uwe: Der Turm. Suhrkamp Verlag, Frankfurt am Main 2008. *Seiten 24f.*

Voigt, Lene: De Säk'sche Lorelei. Aus: Das große Lene Voigt Buch. Hrsg. von Monica und Wolfgang U. Schütte. Sachsenbuch Verlagsgesellschaft, Leipzig 1991. *Seiten 14f.*

Wordsworth, Dorothy: Journals of Dorothy Wordsworth 1798. Aus: Hamburg in alten und neuen Reisebeschreibungen. Hrsg.von Henning Berkefeld. Droste Verlag, Düsseldorf 1990. *Seite 122.*

Würdig, Ludwig: Des alten Dessauers Leben und Thaten. Für jung und alt im deutschen Vaterlande erzählt von L. Würdig. Verlagsbuchhandlung von Paul Baumann, Dessau 1903. Reprint Melchior Verlag, Wolfenbüttel (o. J.). *Seite 57.*

Nicht immer ist es möglich, die Inhaber von Urheberrechten zu ermitteln. Berechtigte Ansprüche werden selbstverständlich im Rahmen der üblichen Vereinbarungen abgegolten.

ORTSREGISTER

(Personen siehe Autoren- und Quellenverzeichnis)